一间读写教室

超级文言本

蒋军晶 / 丁慈矿 　编著

5 人物

人民文学出版社

图书在版编目（CIP）数据

超级文言本. 5 人物 / 蒋军晶, 丁慈矿编著. -- 北京：人民文学出版社, 2024
（一间读写教室）
ISBN 978-7-02-018581-8

Ⅰ. ①超… Ⅱ. ①蒋… ②丁… Ⅲ. ①文言文－小学－教学参考资料 Ⅳ. ①G624.203

中国国家版本馆CIP数据核字(2024)第060859号

责任编辑　李　娜　王　卉
封面设计　李苗苗

出版发行　人民文学出版社
社　　址　北京市朝内大街166号
邮政编码　100705

印　　制　凸版艺彩（东莞）印刷有限公司
经　　销　全国新华书店等

字　　数　103千字
开　　本　787毫米×1092毫米　1/16
印　　张　9.25
版　　次　2024年4月北京第1版
印　　次　2024年4月第1次印刷
书　　号　978-7-02-018581-8
定　　价　45.00元

如有印装质量问题，请与本社图书销售中心调换。电话：010-65233595

前　言

文言文怎么选，又该怎么教？

我们的回答在这套《超级文言本》里。这套读本是我和丁慈矿老师发挥各自优势合作编写的。读本共六册，分册之间，难度有异，内容有别。

第一册的主题是"启蒙"。我们搜集了清末以来的小学国文教材，从中精挑细选，以内容雅致、语言清浅、文字清通为标准，贯彻"以人为本"的原则，重构了文言启蒙的单元序列。当孩子们朗声而读，就能感受到文言简洁洗练的优点，体察与之贴近的生活经验，这是汉语和认知的双重启蒙。第一册文言本同时又是"极简汉字入门书"，每篇文章引出一堂识字课，通过清晰、巧妙的编排，让孩子们直观地看到汉字演变的轨迹，见证文字与生命的联系，从而感受古人的造字智慧。

第二册的主题是"声韵"。汉语之美，美在押韵，美在节奏，美在对仗。因此，古代孩子学诗作文之前，会长时间学习"对课"。"云对雨，雪对风，花对树，鸟对虫，山清对水秀，柳绿对桃红"，小学语文教材中也编排了这样的对韵歌。可是仅仅背上一段两段，量的积累太少；直接用古代私塾的教材，隔阂又太大。这一册文言本，是丁老师重新编撰的。他从历代声律读物中精心甄选，融入现代元素，参考汉语拼音新编了对韵。除了对韵，我们还选录了童谣、儿歌、绕口令等与汉语声韵有关的鲜活文本，并融入了二言、三言、四言、五言、六言多种形式的韵语，使孩子们在诵读之后，可以充分感受到汉语之美、汉语之趣。

第三册的主题是"故事"。孩子们爱读故事，是故事的忠实拥趸。在这一册文言本里，我们选取了上起先秦、下至清末最有影响力的寓言故事。孩子们可以一边读故事，一边跟着我们的编排，积累文言知识，了解重要的文言语法。我们还安排了"三问三答"这个栏目，针对每个故事都提了三个"犀利"的问题，问题后面，我们用心解答，希望孩子们明白——爱智慧比背道理更重要，道理要放到实际生活中，放到复杂的情境中去辨析。

第四册的主题是"神话"。这一册文言本，我们呈现了一个首尾一体、前后连贯的神话"体系"，从开天辟地到抟土造人，从"渔猎"到"农耕"，从"炎黄争霸"到"人间五帝"……孩子们读完，相信再也不会认为中国神话是杂乱无章的了。为了把神话的碎金散玉串联起来，我们阅读了大量神话研究书籍，做了大量考证、推理的工作，但限于篇幅，也考虑到这是儿童读物，我们没有在书中呈现"证据"，但我们设计了一些富有挑战性的思考题，穿插了原创的人物关系图、宇宙景观图，撰写了对应的白话版神话故事……以此鼓励、帮助孩子们去推断。总之，我们希望孩子们既学习了文言，又感受了神话瑰丽的想象，还锻炼了推理能力，同时尝试思考宇宙的起源、民族的形成、文明的由来这些话题。

第五册的主题是"人物"。这一册读本里的文言文，是一篇篇人物"小传"。我们更多选择的是古代一些有意思的人、好玩的人、有情趣的人、有爱的人……希望疏通字意之后，孩子们会被这些文章所吸引，不由自主地去关注文章里的人物是怎样对待弱者，怎样看待自然，怎样审视自我的。我们还用心写了"人物解读"，努力呈现出现代汉语之美，同时也想让孩子们明白——这些人物虽然生活在古代，但他们身上有显著的文明素养、现代意识。读文言文，最终是为了做一个更好的现代人。

　　第六册的主题是"说理"。这一册的文言文选的是古代经典论说文（片段）及论辩故事。以往我们带领孩子们读这类文章，着力让他们感受的是智者的形象，是激昂的情绪，是华美的修辞，而现在我们更希望孩子们经由这册读本学习好好说话，好好讲道理，成为一个理性的人、一个能明辨是非的人。因此，每篇文言文后面，我们安排了"说理课"，努力把逻辑讲简单，把推理说清楚，希望孩子们未来有化解纷扰和澄清混乱的能力。

　　这套《超级文言本》，可以分年级在大人的带领下循序渐进地读。精力充沛、接受能力强的孩子也可以自己安排细读的先后顺序与进程。

2024年3月

目录

1

在阅读中，感受一个个鲜活的人物，思考做怎样的自己。

一 公仪休拒收鱼

公仪休**相鲁**而**嗜**鱼，一国献鱼，

做鲁国宰相　　喜欢

公仪子不受。其弟子**谏**曰："**夫子**嗜

古代对男子的尊称

鱼**弗**受，何也？"答曰："**夫**唯嗜鱼，

不　　　　　　　　句首语气词

故弗受。夫受鱼而免于相，虽嗜鱼，

不能自**给**鱼。**毋**受鱼而不免于相，则

供应

能长自给鱼。"此明于为人为己者也。

选自《淮南子·道应训》

 **古文今读**

　　喜欢吃鱼的公仪休做了鲁国的国相，一国之人都争着买鱼去献给他，但公仪休一概不收。他的弟子劝说："老师，您爱吃鱼，怎么却不收鱼呢？"公仪休回答说："正因为我喜欢吃鱼，我才不能随便收人家送的鱼啊。如果我收下了，就要替人家办事，就有可能因为违背法规而被罢免。即使再喜欢吃鱼，也不能吃到自己供给的鱼了。如我不收别人的鱼，就能秉公执法，就不会被免职甚至治罪。那么，我就可以靠俸禄长期吃到鱼了。"公仪休为官对人对己的标准是十分明确的。

走近人物

　　公仪休为什么不接受别人送的鱼？

　　原因他自己讲得很实在，也很有趣——不接受他们送的鱼，就是想一直可以吃到鱼啊。

　　这句话主要有两层意思：

　　1. 我是人，我也是有欲望的。

　　2. 我之所以能够克制自己的欲望，不是因为我自律，而是我敬畏法律法规。

　　所以，要想官员不贪污腐败，只是靠其自律是不行的，还要靠制度约束，并且是能落到实处的制度。

　　这个故事宣传了公仪休的廉洁，也从侧面反映了当时鲁国官场整体上的腐败。你想，鲁国"献鱼"的人这么多，就是说明了当时老百姓不相信官员能大公无私；公仪休的弟子对于他的行为很疑惑，也是因为当时以权谋私的官员不在少数。

昔韩娥**东**之齐，**匮**粮。过雍门，
_{向东行到　　缺乏}

鬻歌假食。**既**去而余音绕**梁欐**，三日
_{卖唱　借，交换　已经　　栋梁}

不绝，左右**以**其人弗去。过**逆旅**，逆
_{认为　　客栈，旅社}

旅人**辱**之。韩娥因**曼声**哀哭，**一里**老
_{拖长声调　整个乡里}

幼悲愁，垂**涕**相对，三日不食。**遽**而
_{眼泪　　立刻}

追之。娥**还**，复为曼声长歌。一里老
_{返回}

幼喜跃**抃**舞，弗能自**禁**，忘**向**之悲
_{拍掌　控制　以前}

也。乃厚**赂**发之。故雍门之人至今善
_{礼物，财物}

歌哭，**放**娥之**遗**声。
_{通"仿"，仿效　留下}

选自《列子·汤问》

004

古文今读

从前韩娥向东到齐国去，路途中遇到粮食不足，就在经过雍门时卖唱换取食物。韩娥的歌声太好听了，她人已经走了，美妙的歌声却还缭绕在栋梁之间，三天不散，大家都觉得她好像还没有走。韩娥来到一家客栈，客栈里的人见她穷困潦倒，就当众欺负她。韩娥伤心极了，放声悲哭起来。她的歌声弥漫开去，乡里的人们听了，男女老幼都为之动容，彼此泪眼相对，难过得三天都吃不下饭。因为没钱，韩娥只能离开客栈。人们发现后，急忙分头去追，想把她请回来。韩娥回来后，再次热情高歌。歌声让乡里的老人、孩子欢呼雀跃，手舞足蹈，大家忘情地沉浸在欢乐中，暂时忘记了之前的悲苦。因为太喜欢韩娥的歌声了，乡亲们在韩娥离开时纷纷献上礼物。所以，雍门的人直到现在都善于歌唱与悲哭，就是仿效了韩娥遗留下来的歌声啊。

走近人物

韩娥的歌声之所以能打动人，是因为其中倾注了她的心血和情感。

韩娥生活穷困，只好卖唱求食，岂料被人羞辱，心中难受，因此歌声里充满了悲伤；她被男女老幼认可，心里高兴，歌声里也因此充满喜悦。

如果没有真情实感，即使拥有再高级、再熟练的演唱技巧，也难以打动人心。

音乐如此，其他艺术也是如此吧。

蠡（lǐ）复为书，遗种曰："吾闻天有四时，春生冬伐（fá）。人有盛衰，泰终必否（pǐ）。知进退存亡而不失其正，惟贤人乎？蠡虽不才，明知进退。高鸟已散，良弓将藏（cáng）。狡（jiǎo）兔已尽，良犬就烹（pēng）。夫（fú）越王为人，长颈鸟喙（huì），鹰视狼步。可与共患难，而不可共处（chǔ）乐。可与履（lǚ）危，不可与安。子若不去，将害于子，明矣（yǐ）。"

范蠡,越国谋臣（蠡）　信（书）　给（遗）　文种,越国大夫（种）　凋零（衰）　凡事顺利至极,就会否（泰终必否）　走向反面（否）　只,只有（惟）　鸟的尖嘴（喙）　你（子）

选自《吴越春秋·勾践伐吴外传》

 **古文今读**

　　范蠡又给文种写信，信中说："我知道老天有四季轮回，万物春天生长，冬天就要凋零。人生也有盛衰，好运气过后，就是坏运气。知道进退和存亡的道理并且心怀正义，也许只有贤人才能做到吧？我范蠡虽然没有才能，却也知道进退的道理。高飞的鸟散尽的时候，好弓箭也要藏起来了。狡猾的兔子抓完了，优良的猎狗就该被烹食了。越王这个人啊，脖颈特长，嘴巴像鸟嘴，目光如鹰，步履似狼。这种人只可与他共患难，却不可与他同享乐。可以和他一起冒险，却不能和他共享安宁。如今，你如果不离开他，恐怕要大祸临头了，想想清楚吧。"

走近人物

　　相信你一定读过《卧薪尝胆》这个故事，越王勾践在战败后每日卧睡在草堆上，并经常舔尝苦胆，以此提醒自己要时刻铭记战败的耻辱。经过十年的艰苦奋斗，越国终于兵精粮足，转弱为强，最终灭了吴国。

　　范蠡与文种都是辅佐勾践灭吴复国的功臣，但在长期相处之中，范蠡深知勾践内心险恶，不可与之共享安乐。所以，他在功成之后选择辞官隐退，避免了杀身之祸。范蠡临走前给文种写了这封信，劝他也早日隐退，但文种没有领悟，最终被勾践赐死了。

　　读了这封信，我们既可以看出范蠡对时局的清醒判断，同时又对封建时代君臣之间相互猜忌的关系有所了解。信中"高鸟已散，良弓将藏；狡兔已尽，良犬就烹"已成为千古名句，后人将其简化为"鸟尽弓藏，兔死狗烹"。

　　这样的故事在漫长的封建社会里一再上演。读读历史书吧，你还会有更多的发现。

延陵(líng)季子出游，见路有遗金。当

今江苏常州　　　　　　　　遗失的钱财

夏五月，有披裘(qiú)而薪(xīn)者。季子呼薪者

羊皮袄　拾柴，砍柴

曰："取彼地金来。"薪者投镰(lián)于地，

扔

瞋(chēn)目拂(fú)手而言曰："何子居之高，视

发怒时睁大　　　　　　　　　　　　　眼光
眼睛

之下，仪貌之壮，语言之野也？吾当

外貌高雅　　　　　粗野

夏五月，披裘而薪，岂(qǐ)取金者哉(zāi)？"

怎么，难道

季子谢之，请问姓字。薪者曰："子皮

道歉

相(xiàng)之士也！何足语(yù)姓字？"遂(suì)去不顾。

看重外表的人　　哪里值得 告诉　　　　　于是，就　回头看

选自《论衡·书虚篇》

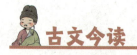

古文今读

　　家住延陵的季子外出游玩，看见路旁有人遗失了一笔钱。此时正值五月盛夏，有个穿着皮大衣的拾柴者路过。季子喊住那人："你的钱掉了，快拿回去。"拾柴者将镰刀扔在地上，愤怒地瞪着眼睛，挥手说道："谁啊？人站得挺高，眼光却如此低，看起来相貌堂堂，说话竟然这样粗野！你看我夏天还穿着皮大衣拾柴，就认定我穷。我是那种昧着良心贪便宜的人吗？"季子赶忙赔礼道歉，询问拾柴者的名号。拾柴者说："你是个以貌取人的浅薄之人，也配问我的姓名？"说完，他头也不回地转身走了。

走近人物

在这个故事里有两个好人，一个拾金不昧，一个路不拾遗。

但让人想不明白的是：拾柴人为什么脾气那么大？季子捡到钱，见到拾柴人刚好在附近，让他取回钱不是很正常吗？如果钱不是他的，解释一下就行了，何必发那么大的火？

文言文表述简洁，这是优点，也是缺点。缺点就是少细节描写，而有些细节对故事是非常重要的。有人推测，季子当时语气是很轻蔑的，而且行动上也有侮辱之意。拾柴人觉得自己的人格受到侮辱，态度、行为就很冷漠。

还有人推测，拾柴者是个隐居的高人，看他说的话非常有水平。这种高洁的隐士通常有一身傲骨，一旦感觉自己被冒犯了，反应会比一般人更强烈。

很多人，因为帮助了别人，就不自觉地会认为自己高人一等，然后流露在自己的态度、言行中。这样的人，是看不懂这个故事的，对"尊重"两个字也是不能理解的。

庄子钓于濮水。楚王使大夫二人

派 古代官名

往先焉，曰："愿以境内累矣！"

用 指国事 劳累

庄子持竿不顾，曰："吾闻楚有神

龟，死已三千岁矣。王以巾笥而藏之

年 用锦缎包好，放在竹匣中

庙堂之上。此龟者，宁其死为留骨而

宁可，宁愿

贵乎？宁其生而曳尾于涂中乎？"

享有尊贵，指 拖着尾巴 泥
受人供奉

二大夫曰："宁生而曳尾涂中。"

庄子曰："往矣！吾将曳尾于涂中。"

选自《庄子·秋水》

古文今读

　　庄子在濮水边钓鱼，楚王派了两位大夫前去传达心意："愿将国事委托先生处理，要让您受累了。"

　　庄子手持鱼竿头也不回，说："我听说楚国有只神龟，已经死了三千年。楚王把它用锦缎包好，装在竹盒里，藏在庙堂之上。请问，这只龟是宁可死了留下一把骨头让人供奉呢，还是愿意活在泥滩中，拖着尾巴爬行呢？"

　　两位大夫说："宁愿活在泥滩里，拖着尾巴爬行。"

　　庄子说："那么请回吧！我想在泥滩中拖着尾巴爬行。"

走近人物

这是一个有趣的情景：庄子一心一意在钓鱼，"诱惑"却主动找上门来。楚王邀请庄子出山辅助，而且说得很客气，用了一个"累"字，意思是——愿将国事委托先生处理，要让您受累了。

庄子呢？竟然"持竿不顾"。好一个"不顾"啊！

在别人眼里，这可是千载难逢的机遇啊，庄子却把它看成了无聊的打扰，连头都没回一下。

庄子是个聪明人，他知道只要答应楚王的聘任，就可以获得富贵、权势，但庄子不愿让高官厚禄束缚自己。和富贵、权势相比，庄子这个老头儿更喜欢逍遥自在的生活，更看重人格独立和精神自由。

庄子怕两位大夫听不明白，就说了个比喻：那庙堂之上供祭的龟，虽然用精致的竹匣装着，用锦缎饰盖着，可它是死的，是没有自由的。而烂泥中的龟，虽然过得辛苦，但却是自由的、鲜活的。

庄子一生中，这样的拒绝应该有很多，他一辈子都是个靠卖鞋、钓鱼勉强糊口的穷人。

是啊，只有那些理解自由意义的人，才会懂得庄子。

六 魏文侯守信

（魏）文侯与群臣饮酒，乐，而天雨，命驾将适野。左右曰："今日饮酒乐，天又雨，君将安之？"文侯曰："吾与虞人期猎，虽乐，岂可无一会期哉！"乃往，身自罢之。

适 jià shì 到……去

安 哪里

虞人 yú 管理猎场的官员

期 约定

岂可无 怎么能 不

罢 停止，取消

选自《资治通鉴·周纪》

 **古文今读**

　　魏文侯与群臣饮酒，喝得正高兴，突然下起了大雨，魏文侯下令备车前往山野之中。左右侍臣问："今天饮酒正乐，外面又下着大雨，您打算去哪里？"魏文侯说："我与猎场管理员约好了去打猎，虽然在这里很快乐，但我不能不遵守约定啊！"于是，魏文侯亲自前去取消了跟猎场管理员的约定。

走近人物

　　这则诚信故事与众不同的地方在于主角是国君。年纪大、辈分长、地位高的人，因为有事无法履约是很容易被原谅的。

　　很多人面对小孩、晚辈，或者下级时，喜欢吹牛，喜欢轻易承诺，最后承诺实现不了，打个哈哈就过去了，心里一点都不愧疚。

　　但魏文侯却不一样，约定的事情实现不了，他要亲自去说一声。司马光把这样的事当作大事记录在《资治通鉴》中，说明能做到这一点的国君少之又少。

　　有人说，世界上最远的距离是"知道"和"做到"，这话很有道理啊，要做到"知行合一"是很难的。现代社会，沟通方便了，承诺也就多了。承诺了，就要努力兑现，真的兑现不了，要亲自解释。

屈原既**放**，**游**于江潭，**行吟**泽
_{流放} _{徘徊} _{行走吟诵}

畔，**颜色**憔悴，**形容枯槁**。渔父见而
_{脸色} _{形体容貌} _{憔悴，瘦削}

问之曰："子非**三闾大夫**与？何故至
_{屈原被贬后任此职，属闲差} _{同"欤"，语助词}

于**斯**？"屈原曰："**举**世皆浊我独清，
_{语气助词} _全

众人皆醉我独醒，**是以见**放。"
_{因此，所以} _被

选自《楚辞》

古文今读

屈原遭到了流放，在江边上徘徊。他沿着江边走边唱，面容憔悴，身形枯瘦。渔父见了，问道："您不是三闾大夫吗，为什么落到这步田地？"屈原说："天下浑浊不堪只有我清澈透明，世人都迷醉了唯独我清醒，所以我被流放了。"

走近人物

屈原太有名了，他是战国时期楚国人，竭尽毕生智慧效忠国家，但他的改革主张触犯了贵族利益。这些贵族拼命在楚怀王面前说他坏话。最终，屈原被流放了。

在原文里，屈原和渔父的对话有好几个来回。聊到最后，渔父说："世上的人都肮脏了，你为什么不跟着搅浑水呢？大家都迷醉了，你为什么不趁机多吃吃多喝喝呢？你不能太清高了，不能死脑筋啊！"

屈原回答："刚洗过头一定要弹弹帽子，刚洗过澡一定要抖抖衣服。我不能让清白的身体被世俗的尘埃污染，我就是死也要保住清白。"

这篇文章其实是借屈原和渔父的对话，来展现屈原的思考：是做一个诚恳、朴实的人呢，还是做一个迎来送往、巧于逢迎的人？是宁可垦荒锄草、勤劳耕作呢，还是结交权贵、沽名钓誉？是宁可毫无隐讳地直言为自己招祸呢，还是顺从世俗、贪图富贵而苟且偷生？

最终，屈原悲愤忧郁，在五月初五这一天自投汨罗江而死。为此，后世的老百姓还以包粽子、赛龙舟等形式纪念屈原，中国特有的民俗节日——端午节也是由此而来。

太子及宾客知其事者，皆白衣冠

穿白色的衣服，戴白色的帽子

以送之。至易水之上，既祖，取道。

来

祭祀了路神

高渐离击筑，荆轲和而歌，为变徵之

zhù jīng kē hè wéi zhǐ

人名，荆轲好友　古代一种乐器　附和　指乐音变作悲壮的徵调

声，士皆垂泪涕泣。又前而为歌曰：

"风萧萧兮易水寒，壮士一去兮不复

xiāo xī

还！"复为慷慨羽声，士皆瞋目，发

huán kāng kǎi chēn

指乐音变作慷慨的羽声　　睁大眼睛

尽上指冠。于是荆轲遂就车而去，终

guān

向上竖起顶着　　乘车

已不顾。

选自《史记·刺客列传》

 **古文今读**

　　太子和那些知情的宾客都穿着白衣，戴着白帽为荆轲送行。荆轲到易水岸边，祭了路神以后便上路。高渐离击乐，荆轲和着节拍悲凉地吟唱，众宾客无不落泪。荆轲一边向前走一边唱道："风萧萧兮易水寒，我这一去啊，就不打算再回来了！"荆轲越唱越激愤，众宾客也双目圆睁，怒发冲冠。荆轲乘车而去，始终不曾回头看一眼。

走近人物

　　《荆轲刺秦王》是非常有名的历史故事。

　　荆轲是卫国人，卫国灭亡后，他到了燕国，与高渐离、田光成了好朋友。公元前227年，数十万秦军兵临易水，到了燕国边界。在这样的背景下，荆轲受燕太子丹委托，企图暗杀秦王。

　　对于荆轲刺杀秦王一事，有人欣赏也有人反对。

　　欣赏的人觉得荆轲身上体现了侠义精神。荆轲刺杀秦王是为了阻止秦国对燕国的侵犯，在道义上属于反侵略、反暴力。当然，两千多年前的荆轲可能没有想到这一点，他不惜只身赴险，只是为了报答燕太子的知遇之恩，他出发时就没打算活着回来，所以大家都穿着丧服送他。一诺千金，死而后已，这就是侠义，这样的气节值得提倡。

　　反对的人认为一个国家是否强大，作为统治者应该把精力放在勤政爱民、富国强兵上，或者通过外交手段避免战争，而不是把精力放在下毒、刺杀这样的歪门邪道上。荆轲的确勇敢，但也只是一个莽夫。"轲匹夫之勇，其事无足言"，这是朱熹对他的评价。

　　评价历史人物和历史事件是一件很复杂的事，值得你好好想想。

车还空返，甚失所望，兼叙远别

很，非常

恨恨之情，顾有怅然！间得此镜，既

最近

明且好，形观文彩，世所希有，意甚

同"稀"

爱之，故以相与。并致宝钗一双，好

给予　　同时

香四种；素琴一张，常所自弹也。明

不加修饰的

镜可以鉴形，宝钗可以耀首，芳香可

照容貌　　　　使头面生辉

以馥身，素琴可以娱耳。

使身体芳香

选自《艺文类聚》卷三十二

古文今读

　　派车去接你，却没有见到你，深感失望，于是写信与你叙说离别的痛苦，怅然若失。近来得到的这面镜子明亮又好看，花纹华丽，世所稀有，想来你一定很喜欢，所以把它赠送给你。同时送你宝钗一对，上等香料四种；素琴一张，你可以时常弹奏。明镜可以照容貌，宝钗可以使你头面生辉，香料可以使你身体芳香，去污避秽，素琴悦耳的琴声可以使你快乐。

走近人物

　　秦嘉，是东汉诗人，他接到上级命令，要去京城洛阳赴任。可是妻子徐淑身体不好，正在娘家养病。秦嘉希望妻子跟他一起进京，于是派车去接，还写了一封信给她。可是妻子身体实在太虚弱了，不能前来。望着空荡荡的车子，秦嘉"甚失所望"，于是有了这封《重报妻书》，就是说他写了第二封信。

　　送信同时，秦嘉让人为徐淑带去礼物——宝钗、好香以及自己经常弹的素琴。秦嘉多么体贴周到啊，送去的是日常用品，都是妻子需要的。

　　整封信没有什么卿卿我我的、抒情的话，但思念之情却满溢而出。秦嘉只是在叙述，将自己送的东西和这些东西的用途一件件讲过去，语言平实，就像面对面告诉妻子。

　　没想到的是，秦嘉不久后病逝于洛阳。他和她，再没有后来。

　　所以啊，要珍惜和所爱的人在一起的日子。

（一）

近者**奉辞伐罪**，**旌麾**南指，**刘琮**

fèng
持正义之辞以讨伐
有罪之人

jīng huī
泛指军旗

cóng
刘表的
小儿子

束手。今**治**水军八十万众，方与将军

治理,管理

会猎于吴。

喻指两方
发生战争

（二）

赤壁之**役**，**值**有疾病，**孤**烧船自

yì

在今湖北省境内　战争　遇到　　　　　　我,曹操自称

退，**横**使周瑜虚获此名。

hèng

意外地

〔东汉〕曹操

古文今读

（一）

近来，我奉了天子的命令，来讨伐有罪的叛臣，军旗指向南方，刘琮就投降了。如今，我率领水军八十万人，正要与将军（指孙权）在吴地会战。

（二）

赤壁之战时，我刚好身体有病，因此我自己把船烧了就撤了，不曾想让周瑜这家伙意外获得了"火烧赤壁"的美名。

走近人物

这是曹操在赤壁之战前后写给孙权的两封信。

第一封信，曹操自恃兵力强盛，耀武扬威的态度跃然纸上。读了这封信，你能否感受到他对孙权威吓？虚张声势却又字字千钧，这是想让孙权不战而降啊！

第二封信更有意思，这是在赤壁之战失败后写的。曹操明明被周瑜打败了，却强调自己当时生病，主动烧船撤军。这是失败者的自我开脱，内心要多么强大才会这样说啊。

提起曹操，人们往往以"奸雄"代之，也许是被那句"宁要我负天下人，莫要天下人负我"左右了。其实，曹操不但是东汉末年的政治家、军事家，同时还是建安诗坛的盟主，是历代君王里为数不多的文武双全之人，与其子曹丕、曹植在文学史上并称"三曹"。

近者涉道，昼夜接宾，不得宁息。
shè   zhòu
登程

人自敬丞相长史，男子张君嗣附之，
chéng zhǎng   sì
依附

疲倦欲死。
将要，快要

选自《三国志·蜀书·张裔》

古文今读

最近我出去考察，白天黑夜地接待来往宾客，没得安宁与休息。那些人只不过尊敬我这个官位，我不过是附在这个官职上的一张皮，真是烦透了。

走近人物

张裔（张君嗣）是谁？他深受诸葛亮赏识，被提拔为丞相长史，相当于现在的最高秘书长位置。

官位高了，应酬交际也难免会多起来，请托的、叙旧情的、走后门的……门庭若市啊。

可张裔一点都不喜欢这种迎来送往，不喜欢这种应酬交际，于是他写信给自己的父母诉说苦恼。

他烦的不仅仅是身体吃不消，更是精神上受不了。他知道人们探望、巴结他，并不是因为敬重他的能力、人品，而是因为他在"丞相长史"这个官位上。一旦他从官位上下来，这些人就都散了，叫都叫不来。

张裔实在太清醒了。

张裔的这封信也让我们明白：一个人长大后，如果他的工作主要是研究怎么讨好人、伺候人是没什么价值的。同样，一个人的精力如果消耗在并非出自真心的阿谀奉承中也是没有意义的。

十二 阮咸晒裤

阮仲容、步兵居道南，诸阮居道
zhòng   zhū

阮咸   即阮籍，曾任   阮姓的其他人
           步兵校尉

北；北阮皆富，南阮贫。七月七日，

旧时风俗，七月七日
晒衣裳、书籍

北阮盛晒衣，皆纱罗锦绮；仲容以竿
                  jǐn qǐ

华丽的丝织品

挂大布犊鼻裈于中庭。人或怪之，答
     dú   kūn

粗布质地、像牛鼻子的短裤   庭院中   有的

曰："未能免俗，聊复尔耳！"

姑且

选自《世说新语·任诞》

古文今读

　　阮咸和叔叔阮籍住在路南，阮姓的其他人住在路北；路北的阮家都很富有，路南的阮家都很贫穷。七月七日那天，路北的阮家晒了很多衣服，都是绫罗绸缎；阮咸用竹竿挂起一条像牛鼻子的粗布短裤晒在院子里。有人觉得奇怪，阮咸回答说："我也不能免除习俗，就姑且也学学样子吧！"

走近人物

　　在古代，七月七日有个习俗，这一天若天气晴好，人们就翻箱倒柜晒衣服，驱霉消虫。但是这个习俗慢慢地变味了，富人们争相晒自己家昂贵华丽的衣服，相互"斗富"。就像现在，有人经济条件一般，却偏要买名牌包、豪车来显示自己有钱，其实包和车只是工具而已啊。

　　穷人家境贫寒，没像样的衣服可晒。阮咸却不管这一套，大大方方地把自己的大裤衩晒在绫罗绸缎中间。

　　是啊，富贵不是可以夸耀的资本，贫寒也不是耻辱。

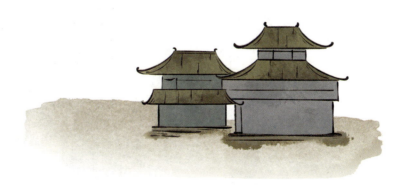

王安丰妇常卿安丰。安丰曰："妇
即王戎　妻子　称安丰为"卿"

人卿婿，于礼为不敬，后勿复尔。"妇
xù
丈夫

曰："亲卿爱卿，是以卿卿。我不卿

卿，谁当卿卿！"遂恒听之。

选自《世说新语·惑溺》

古文今读

王安丰（王戎）的妻子总是叫王戎"亲爱的"，叫得王戎都不太好意思了。王戎说："你老是不分场合'亲爱的、亲爱的'这么称呼丈夫，不合礼节啊，以后不要再这样了。"妻子说："亲你，爱你，所以才叫你'亲爱的'。我不叫你'亲爱的'，该谁叫你'亲爱的'？"王戎无话可说，只好随她叫。

走近人物

成语"卿卿我我"就是源于这个故事。

王戎的妻子喜欢称呼王戎为"卿"，这个"卿"在古代是上级对下级的称呼，例如，皇帝称自己的臣子为"爱卿"。古代"男尊女卑"思想根深蒂固，妻子称丈夫为"卿"，从"礼"这个角度来看，有点说不过去。

可王戎的妻子不管这些，她认为夫妻之间不需要这么多规矩。

而王戎呢，也不是个老顽固，他本来就没有真的生气，听完妻子的话，也笑着认可了。王戎真是个爱妻子、尊重妻子的"暖男"啊。

大约两千年前，这对夫妻就有了男女平等的想法，实在了不起。虽然这只是个例，但也算是个文明的开始吧！

桓公少与殷侯齐名，常有竞心，

_{huán}
_{yīn hóu}

桓温，"公"　　　殷浩，"侯"　　　　　　　争胜之心
是尊称　　　　　是尊称

桓问殷："卿何如我？"殷云："我与

上级对下级的爱称　　　　　　　　说

我周旋久，宁作我。"

_{nìng}

商量

选自《世说新语·品藻》

古文今读

桓温年轻时和殷浩齐名，常有争胜之心。一天，桓温问殷浩："你跟我比，怎么样？"殷浩回答："我和我自己商量了很久，我宁愿做我自己。"

走近人物

"桓公"是桓温，"殷侯"就是殷浩，"公"与"侯"都是尊称，表示他俩地位都很尊贵。

桓温和殷浩两人说起来也算是竹马之交——小时候常一起玩。长大之后，一个是魏晋时期的大名士，最后成了当朝宰相，另一个投身军伍，成为掌握实权的大将军。

"卿何如我？"这天，桓温问殷浩时是何等得意啊，但历史却偏偏记住了殷浩的回答。殷浩没有回避桓温充满挑衅的问话，但也没有正面反击说"我比你强"，而是说："我与我相处时间最久，商量了一下，我还是觉得我非常棒，我宁愿做我自己。"

"宁作我"三个字，不卑不亢，内敛、自信。

殷浩的内心世界比桓温从容、淡定，精神境界也比桓温高出许多。

省足下别疏，具彼土山川诸奇。

xǐng 敬辞，您　shū 又一封来信　奇 奇观

扬雄《蜀都》，左太冲《三都》，殊

西汉扬雄所作的《蜀都赋》　晋朝左思所作的《三都赋》　shū

为不备。悉彼故为多奇，益令其游目

xī 详细，详尽

意足也。可得果，当告卿求迎，少人

shǎo

足耳。至时示意。迟此期，真以日为

zhì 期待，等待　以日为 度日如年

岁。想足下镇彼土，未有动理耳。要

镇守

欲及卿在彼，登汶岭峨眉而旋，实不

wèn　xuán 返回

朽之盛事。但言此，心以驰于彼矣。

〔东晋〕王羲之

古文今读

　　细读阁下的又一封来信，里头详细叙述了蜀地山水的种种奇观。扬雄的《蜀都赋》，左太冲的《三都赋》，说的都不及您信中详尽。自从知道贵地的许多奇妙之处，使我前往一游的愿望更加强烈了。如果能够实现，就请您派人来接我啊，人数不必多。到时再联系！我期待着这一天的到来，真有点度日如年了。我想您在那里做官，目前应该不会有调动吧。关键要趁着您在那儿，一起游览汶岭、峨眉山而回，才真正是人生最难忘的经历。说到这些，我的心已经飞到您那儿了。

走近人物

　　这是书圣王羲之写给益州刺史（相当于如今的四川省省长）周抚的书信，出自《十七帖》。《十七帖》，由一组王羲之的尺牍（书信）组成，在唐太宗时，被汇集在一起，以卷首"十七"二字而得名，其文字都是王羲之写给亲友子弟的书信，共二十六封（段），亦称二十六帖，《十七帖》则为总的帖名，在中国书法史上赫赫有名。

　　这篇《蜀都帖》共11行，102字，是王羲之信札中字数较多的一件，此帖书法一向广受赞誉，被认为是王羲之草书最杰出作品，更令人称奇的是此帖不仅有刻本的拓片，还有唐代的摹本传世，摹本历唐、宋、元、明、清，上至帝王将相，下至平民百姓，纷纷将其收为囊中宝物。岂料世事无常！清末八国联军入侵时，摹本不幸流亡海外，最终在第二次世界大战期间毁于日本广岛原子弹爆炸……

　　读着这封信，你会发现，大书法家也和咱们一样热爱旅游啊。读到朋友对四川山水的描述，他早已心驰神往了，恨不得生出一对翅膀，飞到梦想中的地方。

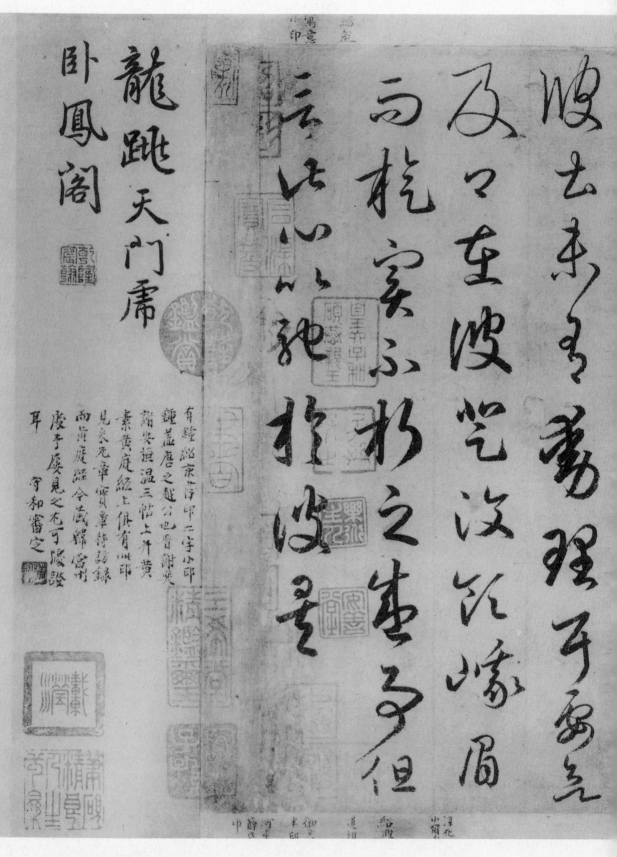

王羲之《蜀都帖》摹本

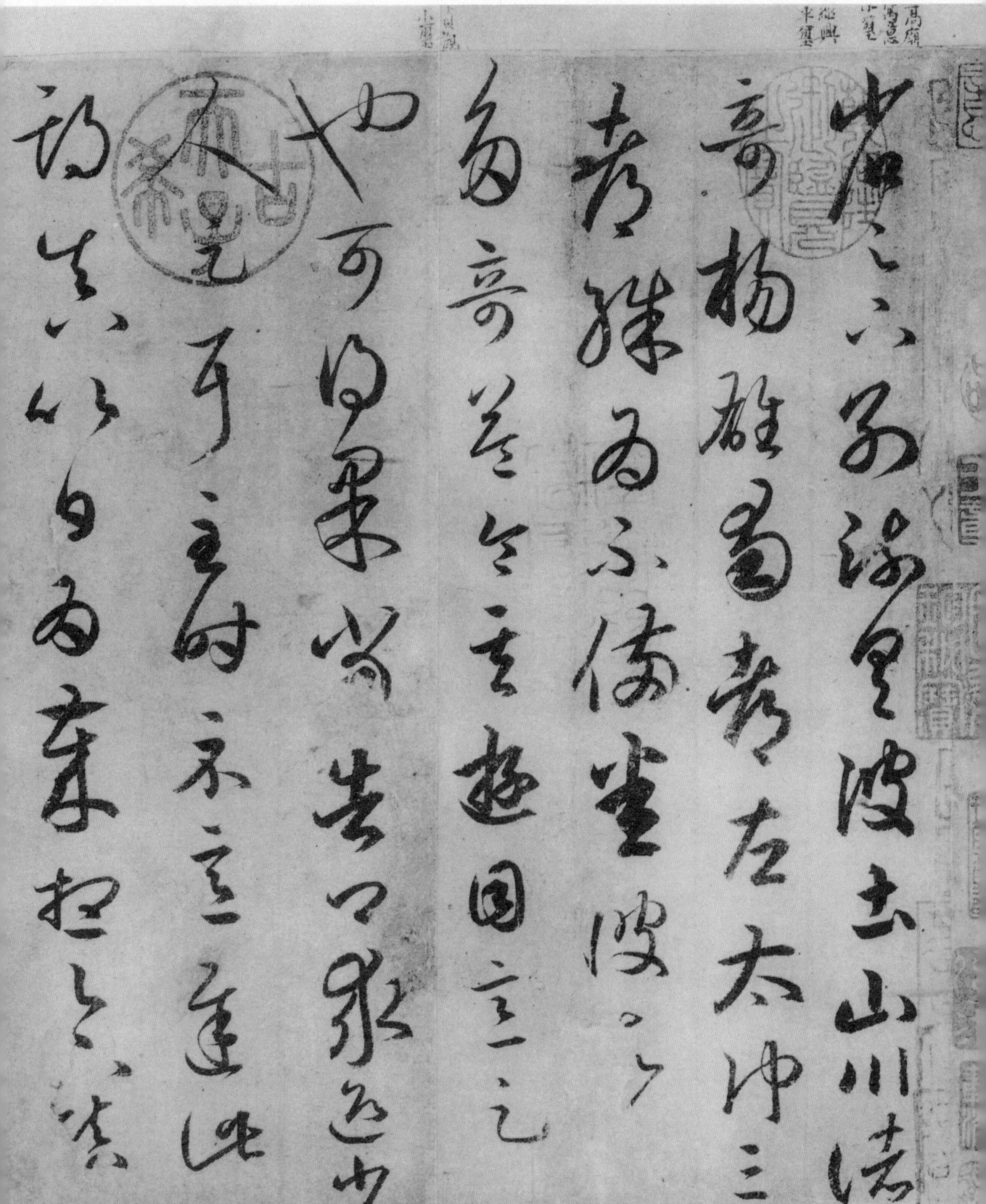

出其六爻海天波士山川涛

斋杨雄骨者左太冲三

斋孩为不传坐波

斋若主趣回言之

也可且果尚出象之少

于主示言连此

诸生以白为束�之惧

王子猷居山阴，夜大雪，眠觉，开
（县名）（睡醒）

室命酌酒，四望皎然。因起彷徨。
zhuó　　　　jiǎo　　　　　páng huáng
（洁白光明的样子）（于是）（徘徊，来回走动）

咏左思《招隐》诗，忽忆戴安道。时
（当时）

戴在剡，即便夜乘小舟就之。经宿方
shàn　　　　　　　　xiǔ
（县名）（于是，就）（到他那去）（经过一宿的时间）

至，造门不前而返。人问其故，王
（到）　　　　　　　　　（原因）

曰："吾本乘兴而行，兴尽而返，何

必见戴！"

选自《世说新语·任诞》

王子猷居住在山阴，一天夜里忽然下起了大雪，他一觉醒来，打开卧室门，让家人上酒。透过窗户，他看到外面一片洁白银亮。于是起身，慢步徘徊。

吟诵着左思的《招隐》诗，他忽然想起了隐居在剡县的友人戴安道，便立刻起身，连夜乘船前往。小船摇到剡县，天已经亮了。船终于到了戴家门前，王子猷却不想进去了，让人掉转船头回家。后来有人问王子猷为什么这样做，王子猷说："我本来是乘着兴致前往，兴致满足了，自然返回，何必一定要见到他呢！"

东晋

走近人物

文中的王子猷即王徽之，是书圣王羲之的第五个儿子，门第显赫，才学又高。

从常人的角度看，这王子猷太任性了，做事没有规矩，不按常理。正常人哪有大半夜出发去走亲访友的？又哪有特地到了朋友家门口却不进去坐坐的？

但你再仔细想一想，自己在兴头上的时候，拼命压制欲望是不是挺痛苦的？乘兴而去，自己心里高兴啊。没有兴趣了，只是为了遵循常理而走进朋友家，是不是挺尴尬、难受的？兴尽而归，自己也感觉轻松啊。

生活中，我们不可能完全按照自己的兴致、兴趣、兴味行事，但也没有必要时时遵循既定规范和常理、常情，偶尔也可以"任性"一下，让自己快乐。

先生不知何许人也，亦不详其姓
xiáng
清楚

字，宅边有五柳树，因以为号焉。闲
于是，就　　　句末语气词

静少言，不慕荣利。好读书，不求甚
mù　　　　hào
羡慕，企求

解；每有会意，便欣然忘食。性嗜酒，
每次　有所领会　　高兴的样子

家贫不能常得。亲旧知其如此，或置
亲戚朋友　　　　有时　安排

酒而招之；造饮辄尽，期在必醉。既
zhé
招待　　去喝酒一定要喝个尽兴

醉而退，曾不吝情去留。环堵萧然，
zēng　　lìn
竟然说走就走，从不会舍不得离开　家徒四壁，空空荡荡

不蔽风日；短褐穿结，箪瓢屡空，晏
hè　　　　dān piáo lǚ　　　yàn
粗布短衣上　　盛饭的篮子和饮水　安然的
打满了补丁　　的水瓢里经常是空　样子

如也。常著文章自娱，颇示己志。忘
显示　　志向

怀得失，以此自终。

〔东晋〕陶渊明

 **古文今读**

　　五柳先生不知道是什么地方的人，也不清楚他的姓名和字号，因为住宅旁有五棵柳树，就以此为号了。五柳先生安闲沉静，很少说话，也不羡慕荣华利禄。五柳先生喜欢读书，读书只求领会要旨，不在一字一句的解释上过分深究；每当对书中的内容有所领会的时候，就会高兴得忘了吃饭。五柳先生喜欢喝酒，但因为家里穷经常喝不起酒。亲戚朋友知道他这种境况，有时就摆了酒席来招待他；五柳先生去喝酒就希望喝个尽兴，一醉方休。他喝醉了就离开，竟然说走就走，从不会赖着不走。简陋的居室空空荡荡，挡不住风吹日晒；粗布短衣上打了补丁，盛饭的篮子和饮水的瓢经常是空的，而他却能安然自得。五柳先生常常写文章自娱，以显示自己的志趣。他从不把得失放在心上，以这种心态过完自己的一生。

走近人物

　　大多数人认为这是陶渊明的自传，表面上写别人，实际上是写自己。陶渊明是想通过这篇文章告诉大家：你们也不用同情我的生活，我挺快乐的，你们也不要劝我当官了，我没兴趣。

　　四十岁以后，陶渊明确实过上了简单的生活，不为贫贱而忧愁，不热衷于升官发财，耕读、写诗、喝酒、摘菜、赏景……他自得其乐。

　　陶渊明不是一开始就甘于过这样的生活的，他曾经有远大抱负，几次出仕，想为国家贡献自己的一份力量，想为老百姓做点事，但是他所生活的东晋王朝帝王昏庸懦弱，官场腐败黑暗，百姓民不聊生……他是在一次次的碰壁中慢慢变得有点灰心丧气了。

　　一个社会，如果有很多人想躺平，想摆烂，就说明这个社会可能"生病"了……

陶渊明为彭泽令，不以家累自随。

县令　　　　　　　　指家眷，家庭人口

送一力给其子，书曰："汝旦夕之费，

劳力　　　　　　　　你

自给为难，今遣此力，助汝薪水之劳，

派　　　　　　　砍柴、挑水

此亦人子也，可善遇之。"

好好对待

选自《南史·隐逸·陶潜传》，有改动

陶渊明去彭泽当县令的时候，家眷并没有跟着去。其间，他从彭泽派回一个男仆给他儿子，并写了一封信："你日常一天的开销花费，只由自己的劳动供给是很困难的。今天我派遣这个干苦力活的人，帮助你挑水砍柴。他也是人家爹妈生的，你要好好地待他。"

走近人物

陶渊明去彭泽当县令时，没有把家人带在身边，作为父亲，他担心自己的孩子过于劳累，就派一个人照顾他，这是出于父子之情。

但陶渊明担心家里人对这个仆人不好，又特别写信强调"此亦人子也，可善遇之"。这样的爱就是博爱了。

晋朝是一个等级分明的时代，人被分成三六九等，普通百姓地位低下，再怎么努力也很难改变自己的身份，改善自己的生活。但在这样的年代，陶渊明还能换位思考，体恤他人，多不容易啊。

东晋

十九 送橘启

南中橙甘，青鸟所食。始霜之
　　指南方　　　　　　　　　　　　　　下霜 shuāng

旦，采之风味照座，劈之香雾噀人。
早晨　　　　满堂生辉　　剥开　　喷 xùn

皮薄而味珍，脉不粘肤，食不留滓。
　　　　　　　　橘络　　　　　　残渣 zǐ

甘逾萍实，冷亚冰壶，可以熏神，
超过 传说中的异果　次于　　　使精神振作 xūn

可以芼鲜，可以渍蜜。毡乡之果，
　指用橘子　　　用蜂蜜浸渍　指北方少数 mào／zì／zhān
　做羹汤　　　制成蜜饯　　民族地区

宁有此邪？
难道 nìng

〔南朝·梁〕刘峻

古文今读

　　南方的橘子很甜，传说中的神鸟很喜欢吃。进入霜季，清晨采来放在屋里，满室生辉，把它剥开，香气沁人心脾。这种橘子皮很薄，味很纯，橘络不粘内皮，吃完不留残渣。甘甜超过苹实，清凉仅次于冰壶。可以用来醒脑，可以用来做羹汤，还可以用蜂蜜浸渍制成蜜饯。毡乡的水果，能有这么好吗？

走近人物

　　这个叫刘峻的人真讲究啊，送人一筐新鲜的橘子，还附上一封信。

　　这信写得真好啊，把家乡橘子的色、香、味大大夸了一通，还列举了几种吃法，把人的口水都引出来了。

　　最后一句"毡乡之果，宁有此邪"，并不是要把对方比下去，而只不过是一句玩笑话，为了强调家乡橘子的特别。整封信活泼幽默，引人入胜。

　　接受礼物的友人看这封信的时候该是怎样的心情？应该是被"暖"到了吧。友人送出的不只是一筐橘子，而是一片真心啊。

二十　李白谒相

李白开元中**谒**宰相，封一板，上
　　　　　yè
　　　　拜见

题曰："海上钓**鳌**客李白。"宰相问
　　　　　　áo
　　　　传说海中的大龟

曰："先生**临**沧海，钓巨鳌，以何物
　　　　　临
　　　临近，靠近

为钩线？"白曰："风波逸其**情**，**乾**
　　　　　　　　　　　yì　　qián

坤纵其志。以**虹霓**为线，明月为钩。"
kūn　　　　　ní
　　　　　雨后或日出、日落之时天空出现的
　　　　　七色圆弧，内环称虹，外环称霓。

又曰："何物为**饵**？"白曰："以天下
　　　　　　　饵
　　　　　鱼饵

无**义气**丈夫为饵。"宰相**竦然**。
　　义气　　　　　　　　sǒng
　刚正忠义之气　　　　　肃静的样子

选自《唐语林》

古文今读

李白在唐开元年间谒见宰相，封一板，上面写着"海上钓鳌客李白"。宰相问道："先生在沧海边钓巨鳌，拿什么做钩线？"李白说："我的情感奔逸在风波中，志向纵横于宇宙间。以虹霓为线，以明月为钩。"宰相又问："拿什么作鱼饵？"李白答道："以天下没有刚正忠义之气的男儿作饵。"宰相不禁肃然起敬。

走近人物

文章的主人公是李白，大唐李白啊。

李白真是少年意气啊，求见宰相，一点不胆怯，气势和胆量明显超出常人。他举止大胆，在自己的"名片"上竟写了个"海上钓鳌客"的名号；他语出惊人，张嘴就是"风波逸其情，乾坤纵其志"这样的豪言壮语。

大家印象中的李白就是这样的，因为李白的诗里常有这样的豪放之言，例如"天生我材必有用"，例如"大鹏一日同风起，扶摇直上九万里"。你喜欢这样的李白吗？你会不会觉得他太狂妄了，太自以为是了？

我们来看看宰相的反应，看了李白的"名片"，听了李白的解释，宰相的反应是"竦然"，宰相对李白肃然起敬，刮目相看。宰相没有轻视眼前的这位年轻人，因为他知道年轻人会有不可预知的未来。

"人不轻狂枉少年"，这里的"轻狂"不是狂妄的意思，不是目空一切的意思，而是指志存高远。年少时就应该要有朝气与斗志，年轻人就是要敢想敢做。这样的年轻人多了，是社会的福气。

二十一 寒食帖

天气殊未佳，汝定成行否？寒食

只数日间。得且住，为佳耳。

〔唐〕颜真卿

 **古文今读**

天气这样差，你一定要走吗？马上就要到寒食节了，留下来再住几天，我看也蛮好呀。

走近人物

颜真卿是非常刚毅的一个人。为官时，他明知会得罪权贵，会遭诽谤排挤，依然要讲真话。安史之乱时，他率领义军奋勇对抗叛军，一度光复河北地区。

今天我们所读的这封信，却显现了颜真卿对待朋友深情温和的一面。

古时候"行路难"，人们非常看重去留，一旦相聚，总是希望朋友能多留几日，所以颜真卿问："天气这么差，你一定要走吗？"这是在表达挽留之意。

后面颜真卿却说"得且住，为佳耳"，他强调的是"如果"——如果你能住下来那是再好也不过了——没有强加之意。

爱别人可以，但千万别给对方带来压迫感。

怀素**疏放**，**不拘细行**。颇好**笔翰**。

性格狂放　　不注意细节上的小事　　　　指书法

贫，无纸可书，常于故里种芭蕉万余

株，以供挥洒。书不**足**，乃漆一盘书

足够，满足

之。又漆一方板。书至再三，盘、板

皆穿。

选自《书小史》卷一

古文今读

怀素性格狂放，不拘小节。他爱好书法，但家贫无纸可写，于是他在故乡种了许多芭蕉，以供自己在芭蕉叶上练习书法。芭蕉叶不够写，他又拿一个盘子油漆后在上面练书法，后来他还漆了一块木板。由于长时间练习之，盘子和木板都被他写穿了。

走近人物

怀素，唐代杰出的书法家，史称"草圣"。

怀素练习书法真是勤奋啊。没有纸，就在芭蕉叶上练，直到万余株芭蕉树的叶子写完；芭蕉叶不够了，就在刷了漆的盘子和木板上练，直到把盘子和木板都写穿。

怀素练习书法的时候，知道自己未来会成功吗？应该不知道吧。

怀素这么努力练习书法，未来一定会成功吗？不一定吧。

"不知道"，又"不一定"，怀素为什么还这么勤奋？大概是因为喜欢吧。相信怀素真的喜欢书法，有了喜欢，所有的辛苦就不觉得是折磨；有了喜欢，即使现实的目标没有实现，也不会感觉沮丧。

所以，我们要寻找自己的"喜欢"啊！

唐

拙于生事，举家食粥，来已数月。
zhuō　　　　　　　zhōu
笨，谦词　谋生

今又罄竭，只益忧煎。辄恃深情，故
qìng jié　　　shì
尽，完　　　更加　　　　凭借

令投告。惠及少米，实济艰勤。仍恕
huì　　　　　　jì　　　　shù
恩惠　　　　　　度过　　　　原谅

干烦也！真卿状。
打扰

〔唐〕颜真卿

052

古文今读

因为我不善于谋生，全家人喝粥已经几个月了。现在家里没米了，粥也没得喝了，日子更煎熬了！我仗着和你之间的深情厚谊，写信向你诉说情况。希望你多少能给我一点米，以解我的困难和愁苦。打扰了，请原谅。真卿写。

走近人物

公元765年，关中大旱，江南水灾，全国粮食歉收，致使颜真卿到了"举家食粥""今又罄竭"的地步。

颜真卿当时的身份可是刑部尚书啊，位高权重，他家竟然也没米下锅，以至于要向朋友借米度日。如果不是颜真卿本人的墨迹流传了下来，后人怎会相信呢？

颜真卿也怕朋友不相信吧，信的第一句就说自己"拙于生事"。他是告诉朋友自己除了俸禄，不会创收、生利，也不懂别的生财之道。他知道自己只要像别人一样"活络"一点，一家人的生活也不会穷困到这步田地，但是他就是不愿意做那些贪枉苟取之事，不得已只能向朋友开口求助了。

当时看到这封信的李光弼应该是又难过，又被颜真卿的"浩然之气"感动吧。

唐

053

贾岛初赴举，在京师。一日，于
科举考试

驴上得句云："鸟宿(sù)池边树，僧敲(sēng)

月下门"。始欲"推"字，又欲作

"敲"，炼(liàn)之未定。于驴上吟哦(yín é)，引手
反复锤炼

作推敲之势，观者讶之。时韩退之权
韩愈，字退之

京兆尹(yǐn)，车骑(jì)方出，岛不觉，行至第
长安市长   韩愈

三节，尚为手势未已。俄为左右拥至
仪仗队的第三节   做   停下 一会儿 被 指韩愈
                                              的侍从

尹前。岛具对所得诗句。退之立马良
贾岛详细地回答了他在酝酿的诗句

久，谓岛曰："'敲'字佳矣。"遂并

<ruby>辔<rt>pèi</rt></ruby>而归，共论诗道，留连<ruby>累<rt>lěi</rt></ruby>日，因与

驾驭牲口
的缰绳

多日，数日

岛为**布衣之交**。

普通老百姓之间的交往

选自《诗话总龟》，有改动

古文今读

　　贾岛初次参加科举考试，来到京城。一天，贾岛骑在驴上想到一句诗："鸟宿池边树，僧敲月下门。"他开始用的是"推"字，后来又想用"敲"字，几番斟酌，确定不了用哪个字。因此，他在驴背上一边吟诵，一边做着"推"和"敲"的动作，路边的人看到都觉得奇怪。

　　当时，韩愈临时代理京城的地方长官，执法严厉，威震长安，正从此街经过。贾岛根本没注意，一不留神，驴跑偏了，直接冲进了韩愈仪仗队的第三方阵中，当时他手上的"推""敲"动作都还未停下。不一会儿，贾岛就被韩愈的侍从拥到韩愈面前。贾岛把酝酿的诗句说了一遍，韩愈听完，停马思索良久，说："用'敲'字更好。"韩愈说完，又邀请贾岛"并辔论诗"——贾岛骑他的驴子，韩愈骑他的大马，并排走了起来，一边走一边谈论诗歌。因为聊得投机，贾岛还到韩愈的家里住了几天。就这样，贾岛和韩愈成了好友。

走近人物

　　这个故事很有名，还诞生了一个新的词语——推敲。

　　"推敲"是什么意思？就是指在写文章或做事时，反复斟酌，精益求精。

　　其实，这个故事是有破绽的：贾岛32岁到长安参加科举考试时，韩愈并没有担任"京兆尹"。但大家好像不在乎故事的真假，甚至觉得这个故事里韩愈的戏份太多了，没有完全表现出贾岛"苦吟诗人"的形象。

　　大家为什么称贾岛"苦吟诗人"？因为贾岛对自己太苛刻了。他是这么写诗的："二句三年得，一吟双泪流。"你没看错，就两句诗，贾岛会想来想去，改来改去，琢磨个两三年，最后吟诵着自己还算满意的诗，感动得热泪横流。

　　贾岛的泪是幸福的泪！贾岛就是这样的人，自己喜欢的事总想做得更好，虽说耗时，虽说辛苦，但做到令自己满意，就觉得一切都值得。这种幸福只有努力过的人才能体会到。

　　写诗是这样，干各行各业都是这样啊。

（贺）**恒**从**小奚奴**，骑**距驴**（xū），背一

经常　　　僮仆　　　　驴

古破锦囊（náng）。遇有**所得**，即**书**投囊中。

心里有想法　　写下来

及暮归，太夫人**使婢**（bì）受囊出之，见所

等到　　　　　　吩咐

书多，辄曰："**是**儿要当呕（ǒu）出心始已

这,这个

耳。"上灯，**与食**。**长吉**从婢取书，

给他吃饭　　李贺的字

研墨叠纸**足成**之，投他囊中。非大醉

补足 写成

及吊丧（sāng）日**率**（shuài）如此，过亦不**复省**（xǐng）。

都　　　　　　　　　　再次察看

选自《李贺小传》

🧑 古文今读

　　李贺经常跟着僮仆，骑着驴子，背着一条破口袋出行。碰到心有所得时，马上写下来放到口袋里。等到傍晚回来后，太夫人吩咐婢女接过口袋倒出那些纸条，见写了很多，总是说："这孩子要把心都呕出来才罢了。"全家点灯吃饭。饭后，李贺就让婢女把白日写的诗拿过来，研墨叠纸，把白天记下的心得补足写成，再放到另外的口袋里。除非喝醉酒或吊丧的日子，平时他都是这样，过后也不再去看那些作品。

🧑 走近人物

　　像李贺这样有爱好，有自己喜欢做的事，是很幸福的。

　　李贺为了写一首好诗真的是呕心沥血啊。李贺如此用功，不是有人监督、逼迫，也不是有人以功名利禄引诱他，他纯粹是因为自己喜欢。在别人眼里，他每天过得很辛苦，但他自己却很享受这个过程。

　　所以，让人热爱学习，就要尽量激发他的兴趣，发掘他的特长，"学习打卡"之类是比较低级的手段，而现在却很流行，真是有些遗憾啊。

唐

荔枝生巴峡间。树形团团如帷盖，

车帷　车盖

叶如桂，冬青；华如橘，春荣；实如

通"花"　　　开花　果实

丹，夏熟。朵如葡萄，核如枇杷，壳

丹砂　　　　　指一串荔枝

如红缯，膜如紫绡，瓤肉莹白如冰

丝织品　　　　生丝的织物

雪，浆液甘酸如醴酪。大略如彼，其

甜酒　奶酪　　　大概

实过之。若离本枝，一日而色变，二

日而香变，三日而味变，四五日外，

色香味尽去矣。

〔唐〕白居易

　　生于四川湖北一带的荔枝，树的形状像车上的帷幕和篷盖；叶子像桂树叶，冬天还是青色的；花像菊花，春天开放；果实像丹砂一般红，夏天成熟。众多荔枝果实聚在一起像葡萄，核像枇杷核，壳如红色丝绸，膜如紫色的绸缎，瓤肉莹白像冰雪，浆液甜酸像甜酒和奶酪。大致就是这样，可能它的实际情况比我介绍的还要好。荔枝果实一旦离开树枝，一天色变了，两天香变了，三天味变了，四五天后，色香味全没了。

走近人物

　　怎样才算是热爱生活？一种表现就是热爱生活中的美好事物。818年，白居易被贬任忠州刺史。在忠州（今重庆市忠县），他见到了这辈子从来没见过的水果——荔枝，非常喜欢。

　　远在京城长安的亲友听说后，纷纷捎信说想观赏、品尝荔枝。无奈路途遥远，荔枝难于保鲜。白居易请画工将荔枝画成图，然后自己在图上题写了《荔枝图序》，托人送往长安。

　　整篇文章不到一百三十个字，却写出了荔枝的产地、外形、味道，还写出了摘下后短期内的变化情况。这篇文章也让我们看到白居易的与众不同，当时的文人很少写这样的"说明文"，而是喜欢写一些风花雪月的艳丽诗文，但白居易却另辟路径，示范了另一种文学创作的方向，当时长安很多文人雅士争相传抄这篇《荔枝图序》。

唐

游九仙山，闻里^{乡野}中儿歌《陌^{mò}上

花》，父老云，吴越王妃^{fēi}每岁春必归

临安，王以书遗^{wèi 给}妃曰："陌上花开，

可缓缓^{huǎn}归矣。"吴人用其语为歌^{歌谣}，含

思宛转，听之凄^{qī 悲伤的样子}然。

选自《东坡诗集》

古文今读

游览九仙山时，我听到了当地歌谣《陌上花》。乡亲们说：吴越王钱镠（liú）的妻子是临安人，每年春天，她都会回娘家探亲。有一年，吴夫人探亲久久未归，钱镠就去了一封信，说："陌上花开，可缓缓归矣。"意思就是说，田野上的花已经都开了，你可以慢慢回来了。当时的人把这句话编成了歌谣。这歌谣啊，婉转动听，令人感动。

走近人物

吴越王钱镠写给夫人吴氏的这封信，只有短短九个字，却写尽了爱与尊重。

吴越王先是表达了希望夫人早点回来的意思，但说得很含蓄：春天来啦，山花烂漫，我真想和你一起去踏青啊。但他又不想让夫人感觉有催促之意，立刻加了一句"可缓缓归矣"。意思是，如果你在娘家还有事要办，也不着急，即使回来了，路上也不用太赶。钱镠在信的前面表达对夫人的感情，后面又说尊重夫人的选择。

这就是"给你爱的人以自由"啊。

钱镠曾经是个大盐商、大军阀，后来成为吴越国的创建者。当了这么多年国王，一般早习惯以自我为中心了，但钱镠给自己的夫人写信，竟然这么深情委婉，真是难得啊。

钱氏家族后来名人辈出，代代都有国之栋梁。

五代

昼寝乍兴，朝饥正甚，忽蒙简

翰，猥赐盘飧，当一叶报秋之初，乃

特指书信　谦辞　　食物

韭花逞味之始。助其肥羜，实谓珍

肥嫩的羊羔肉　　　　珍贵的

羞。充腹之余，铭肌载切，谨修状陈

食物　　　　　感受深切，铭记于心　　写信

谢。伏惟鉴察，谨状。

敬辞，多用于
奏疏和信函

七月十一日　状

〔唐末五代〕杨凝式

　　午睡刚起来，正感到肚子饿，忽然收到您的信以及赐予的食物。初秋落叶之际，正是韭菜花味道最好的时候。用韭花酱蘸着羊羔肉吃，实在是人间美味啊！饱食之后，感受深切，铭记于心。写下这封信，以表谢意。敬请查收，此致。

七月十一日　作

走近人物

　　这是唐末五代杨凝式写的一封答谢信。杨凝式的书法是学王羲之的，学得很好。这封信是写得真好，字体高雅，用词也高雅。

　　别人送了一件好东西，杨凝式特意写了封信感谢。杨凝式的信让我们明白，任何人对你的爱，都不是理所当然的。我们应该懂得去回应别人对你的好与爱。

　　杨凝式有个外号叫"杨疯子"，因为他说话做事总是疯疯癫癫的，那是他为了躲避官场的险恶故意装疯卖傻。但是，他对待朋友是那么赤诚、单纯，这封信让我们充分感受到这一点。

五代

二十九 书临皋亭

东坡居士，酒醉饭饱，倚于几上。
靠　泛指小桌子

白云左绕，清江右洄。重门洞开，林
缭绕　　　　回旋　　树木山峦由门窗一齐映入眼帘

峦坌入。当是时，若有思而无所思，
好像在想着什么，但又什么都没有想

以受万物之备，惭愧！惭愧。
只是在惬意地享受所拥有的一切

〔宋〕苏轼

　　我吃饱喝足，在小椅子上睡着了，白云从左边包围我，清澈的江水从右边打着漩儿流过去。门窗打开，山光水色从门外一齐映入眼帘。那个时候，我的脑子处于休憩状态，好像在思考，而实际上什么都没想。我只是惬意地享受世间万物的惠泽恩赐。我苏轼何德何能，可以有如此享受？惭愧啊，惭愧。

走近人物

　　这篇文章是苏东坡被贬黄州时写的。被贬不是什么好事，按理说应该郁郁不得志，应该表现得苦大仇深，而苏东坡却微微一笑，享受着闲适，享受着门前小景。

　　最有意思的是文章最后的两声"惭愧"，有人认为苏轼在感慨：人啊，时时享受着大自然的美，利用着大自然的美，却不知道感恩、敬畏，有时候还要去伤害它，真是惭愧啊。

　　你的理解呢？

宋

仆居东坡，作陂种稻。有田五十

对自己　　在湖北黄　　斜坡，此梯田
的谦称　　冈县东

亩，身耕妻蚕，聊以卒岁。昨日，一

尽，终 岁月

牛病几死，牛医不识其状，而老妻识

接近，几乎　　　　　　　　　症状

之，曰："此牛发豆斑疮也，法当以

按照方法

青蒿粥啖之。"用其言而效。勿谓仆

给……吃　　　　　　　见效

谪居之后，一向便作村舍翁，老妻犹

贬官降职到外地居住

解接黑牡丹也。言此发公千里一笑。

对牛的戏称

〔宋〕苏轼

古文今读

　　我现在住在赤壁之西的东坡，在这里开辟梯田种上稻谷。有水田五十亩，我耕田，妻养蚕，就这样打发岁月。昨天，一头牛病得厉害，几乎快要死了，牛医不知道它是什么病，而我的妻子知道，她说："这头牛是患豆斑疮，让它吃点青蒿煮粥就行了。"这样一试，真的有效。我贬居之后，就只能做个农夫喽，我的爱妻还知道给牛治病呢。希望这些事能让千里之外的你笑一笑。

走近人物

　　这是苏轼写给朋友章惇（dūn）的一封信。

　　这时候的苏轼被贬谪到了黄州，在当地朋友的帮助下，在城东开荒种地，当起了农民。一介书生，四十多岁的年纪和妻子被迫过起了男耕女织的生活，在旁人看来，他是陷入了窘迫，应该整日愁眉苦脸、唉声叹气才是。

　　但苏轼在信中却没提到一个"苦"字，反而郑重其事地大书特书一件不值一提的小事，而且笔调是那么轻松闲适而又不失风趣，信末还把牛戏称为"黑牡丹"，令人哑然失笑。

　　苏轼真是个乐天派啊，是一个会生活的人，他一生辗转多地，但从未被困难打倒。

宋

元丰六年十月十二日夜，解衣欲

睡，月色入户，欣然起行。念无与为

户：堂屋的门　　念无与为：想到没有一起

乐者，遂至承天寺寻张怀民。怀民亦

乐者：游乐的人

未寝，相与步于中庭。庭下如积水空

相与：共同　步：散步

明，水中藻荇交横，盖竹柏影也。何

明：透明　交横：交错纵横

夜无月？何处无竹柏？但少闲人如吾

闲人：闲散的人

两人者耳。

〔宋〕苏轼

　　元丰六年十月十二日夜晚，我正准备脱衣睡觉，恰好月光从门户照进来，于是我欣喜地起身出门。想到没人与自己同欢共乐，于是我就到承天寺去找张怀民。怀民也还没睡，我们便一同到庭院中散步。院子好像一潭明净澄澈的积水，水中的水草交错摇曳，大概是修竹松柏的影子吧。哪个夜晚没有月亮？哪个地方没有修竹松柏？只是没有像我们这样的闲人罢了。

1083年，即文章里提到的元丰六年，苏轼被贬到黄州已经四年了。

张怀民是谁？张怀民是苏轼在黄州期间遇到的一个朋友，一个值得交心的人，他也是被贬谪来到黄州的。

十月十二日夜晚，苏轼脱下衣服正准备睡觉，这时月光射进来，苏轼突然想出去走走。苏轼是性情中人，想夜游就毫不耽搁，立刻起身出门。这个时间很难找到共同游乐的人了，怎么办呢？去承天寺找张怀民。

苏轼："老张，睡了吗？"

老张："没呢！"

苏轼："走，散步去。"

于是，两人一起在庭院中散步。月光下，庭院就像一汪水池，清澈透明，里面水藻、水草交织在一起，其实那是庭院里的竹子和松柏的影子。

最后，苏轼笑着说："哪个夜晚没有月亮？哪个地方没有竹子和柏树呢？但是别人不会像我们这样到月光下的庭院里悠闲散步，像我们这样的'闲人'太少了。"

"闲人"是什么意思？可能是指他们没有了官职，没有了公务，闲下来了，才有时间欣赏美景。也可能是指他们不像其他人被世俗羁绊，整日追名逐利，从而忽略了身边的美好事物。也可能有其他的意思……

不管怎么理解，像苏轼这样无论遇到什么困难、挫折，都能接受自己、爱自己，是一种很好的心态啊。

宋

东坡一日退朝，食罢，扪（mén）腹徐行，
抚摸

顾谓侍儿曰："汝辈且道是中何物？"
（shì）

一婢遂曰："都是文章。"坡不以为然。

又一婢曰："满腹都是识见。"坡亦未

以为当。至朝云乃曰："学士一肚皮不
即王朝云，苏轼的侍妾

合时宜。"坡捧腹大笑。

选自《梁溪漫志》

古文今读

一天，苏东坡下班回家，饭后摸着肚皮散步，问周围的侍女："你们说，这里头都是些什么东西？"

一个侍女抢着回答："都是文章。"苏东坡摇了摇头，不以为然。另一个侍女说："都是见识。"苏东坡还是摇了摇头，不认可。

轮到朝云了，她说："我看啊，您肚子里装的都是不合时宜的东西。"

东坡听了，哈哈大笑。

走近人物

苏轼对朝云的回答，大笑认可，是因为他的确"不合时宜"。

公元1069年，宋神宗决定重用王安石，任命其为宰相，主持改革。苏轼不赞同王安石的一些做法，也不认同司马光为首的保守党的主张，因此后半生不断受到打击迫害，饱经磨难。

朝云并没有讽刺苏东坡的意思，相反非常欣赏、支持苏东坡。苏东坡有自己的政治见解，每到一个地方都努力让老百姓过上好日子。

朝云是谁？是苏东坡的侍妾，她十几岁开始就跟着苏东坡，照顾苏东坡的生活，苏东坡被贬到哪里，她就跟到哪里，不离不弃，陪伴左右。

别说成为苏东坡这样的人，能成为王朝云这样的人也很了不起啊。

宋

三十三 满城风雨

黄州潘大临**工**诗，多佳句。然甚

_{善于，擅长}

贫，东坡、山谷**尤**喜之。临川谢无逸

_{尤其，特别}

以书问："有新作否？"潘答书曰：

"秋来景物，件件是佳句，恨为俗氛

所**蔽翳**。昨日闲卧，闻搅林风雨声，

_{遮蔽}

欣然起，题其壁曰：满城风雨近重

阳。忽催租人至，遂败意，只此一句

奉寄。"闻者笑其**迂阔**。

_{迂远不切实际}

选自《冷斋夜话》

古文今读

　　黄州的潘大临诗写得特别好，创作了很多脍炙人口的佳句，但是家境贫寒。

　　一年秋天，临川的谢无逸在信中问他："最近有没有新作啊？"潘大临回信说："秋天来了，大自然里到处是写诗的材料，可惜被各种俗事搅乱心绪，败坏了诗兴。就在昨天，我闲来无事，靠在榻上养神，听见树林中发出的潇潇风雨声，美妙极了，忍不住在墙壁上题诗'满城风雨近重阳'，谁知刚写了这一句，房东派人来催我交房租，诗兴一下子被败坏了，现在只能将这一句诗寄给你看。"听说这件事的人都笑潘大临太迂阔了。

"迂阔"是什么意思？无非就是呆笨、认死理、不知变通，不切实际的意思。

朋友来信问是否有新作，要么就说没有，要么就把诗补全寄去，可潘大临却偏偏老老实实地寄了一句诗。

我们来揣摩一下潘大临当时的心理：说没有吧，他对自己的这一句诗还是非常满意的，他觉得"满城风雨近重阳"把场景烘托得自然高妙，他想和自己的朋友谢无逸分享。把诗补全吧，他确实没有灵感了，与其狗尾续貂，不如如实相告，同时也是间接地向朋友抱怨自己总是被各种俗事打搅。

这是"迂阔"吗？未必吧。这其实是一种认真负责、不肯敷衍的写作态度，与潘大临相比，现在很多人写文章或做事情总是应付，太随便啦。

几年后，谢无逸再次来到黄州，想去看望潘大临，不料潘大临已经去世了，谢逸心里非常悲痛，便以"满城风雨近重阳"开头，写了三首七绝诗来纪念他。后人也纷纷据此续诗，以示自己对潘大临"一句诗"的喜欢。我们选几首来欣赏一下。

补亡友潘大临诗

〔宋〕谢无逸

满城风雨近重阳，
安得斯人共一觞。
欲问小冯今健否，
云中孤雁不成行。

九日道中凄然忆潘邠老之句

〔宋〕方岳

满城风雨近重阳，

城脚谁家菊自黄。

又是江南离别处，

寒烟吹雁不成行。

前辈有满城风雨近重阳句而不成篇
九月六日遇雨因为足之招同官分韵

〔宋〕王龟龄

满城风雨近重阳，

准拟登高尚渺茫。

会见明朝天气好，

不教孤负菊花黄。

昨日承蔬笋、不托之供，获接清

汤饼的别名

言永日。别后与元举、叔阳携琴过普

清谈终日　　　　两人为倪瓒友人

渡精舍，相与盘礴林影水光中。而令

僧寺名　　　　徘徊，漫步

子来，始知从者散步林墅桥，急遣一

一个

介往候，则从者兴尽已返。

仆人

日来雷雨大作，想惟动静轻安。

昨见樽俎间，韭菜、蒿菜之属，秀色

酒杯与案板，借指宴席　　　　类，类别

粲然。今日得雨，必是苗芽怒长，更

佳也！况蒙许送，久伺不见至，戏作

何况　　　　等待，守候

小诗促之。瓒顿首。

古代书信用语，表示
致敬，常用于结尾处

韭芥抽苗铺翠玉，

晓经雷雨更敷腴。
fū yú

莫笑措大眼孔小，
cuò

乞取先生一饷余。
qǐ　　　xiǎng

〔元〕倪瓚

081

倪瓚《水竹居图》，现藏于中国国家博物馆

古文今读

昨天承蒙您送来的蔬菜、竹笋和汤饼，与友人就着美食畅聊了一天。分别后，我与元举、叔阳带着古琴去了普渡寺，一起在林间水边漫步，流连于林影水光之中。你儿子来了，我才知道你们正在林墅桥散步，我急忙派遣一个仆人前往等候，你们却兴致已尽，都回了。

今日雷雨大作，我想你正在家中休息吧。昨天见宴席上韭菜、茼蒿之类新鲜无比。今天下雨，园子里的菜一定长势喜人吧！你曾答应送我的，久等不见送来，我因此要作一首小诗催你。我倪瓒向你问好哈！

> 韭芥抽苗铺翠玉，
> 晓经雷雨更敷腴。
> 莫笑措大眼孔小，
> 乞取先生一饷余。

走近人物

倪瓒字元镇，号云林子，元代无锡人，是大画家，以山水画出名，与黄公望、王蒙、吴镇合称"元四家"。他家境殷实，人也特别爱干净，简直有一点洁癖了。

元末社会动荡，倪瓒卖去田产，寄居于太湖附近的村舍、佛寺，平日在太湖附近浪游。此信谈论前一日畅游之乐，并向友人索要蔬菜。虽是家常琐事，亦写得情趣盎然，可见作者洒脱的性格。

元

三十五 送东阳马生序（节选）

余幼时即嗜学。家贫，无从致书
我　　　　　　　　　　没有办法　得到

以观，每假借于藏书之家，手自笔
常常　　　　从　　　　　　　　　用笔

录，计日以还。天大寒，砚冰坚，手
　　　　　　　　　　　yàn

指不可屈伸，弗之怠。录毕，走送
　　　　　　　　　dài
　　　　　　　不懈怠　　　　　　跑

之，不敢稍逾约。以是人多以书假
　　　　　yú
　　　　　超过约定的期限　　因此

余，余因得遍观群书。既加冠，益慕
　　　　　　　　　　　　guàn
　　　　　　　　　　　古代男子二十岁行加
　　　　　　　　　　　冠礼,表示已经成人

圣贤之道，又患无硕师、名人与游，
　　　　　　担心

尝趋百里外，从乡之先达执经叩问。
　qū
曾经　奔向,　　　　　　有声望的先辈　　请教
　　　奔赴

先达德隆望尊，门人弟子填其室，未
　　　道德声望高

尝稍降辞色。余立侍左右，援疑质
　　jiàng　　　　　　　　　　yuán
把言辞放委婉些,把脸色放温和些　　　提出　询问

理，俯身倾耳以请；或遇其叱咄，色

chì duō

请教　有时　训斥

愈恭，礼愈至，不敢出一言以复；俟

sì

恭顺　　周到　　　　等待

其欣悦，则又请焉。故余虽愚，卒获

有所闻。

〔明〕宋濂

古文今读

　　我幼年时候就特别喜爱学习。但是那会儿我家里很穷，没钱买书来看，常向藏书的人家求借，亲手抄录，约定日期送还。天气特别寒冷的时候，砚台里的墨汁都结冰了，我的手指头也常常冻得不能活动，但对抄书我还是不敢松懈。只要抄写完，我就马上把书送还人家，丝毫不敢逾期。正因为有口皆碑的人品，大家都乐意把书借给我，我也得以博览众书。

　　我成年之后，更加仰慕那些圣贤的学说。我又常常苦恼不能向学问渊博的老师、名人请教学习，为此我曾经跑到数百里之外，向当地有学问的前辈请教经书里的知识。前辈名声在外，登门拜访求教的人太多，都挤爆了，但他从未言辞委婉、脸色温和一些。我站着待奉在他身边，提出我的疑惑，然后俯身侧着耳朵非常恭敬地请教；有时候碰到他大声责骂，我的脸色更加恭敬，礼数更加周到，连一个字都不敢说出口；等到他高兴时，就又向他请教。所以我虽然愚钝，最终还是得到了不少教益。

这个宋濂不简单。宋濂与高启、刘基并称"明初诗文三大家"。刘基称其"文章当代第一"。

《送东阳马生序》是宋濂告老还乡的第二年，同乡晚辈马君则前来拜访，宋濂写下了此篇赠序。这篇文章的主旨是勉励马君则继续刻苦求学，但宋濂不是板着面孔说教，而是现身说法，讲述自己年轻时的真实经历，非常感人。

勤奋一定能成功吗？未必。就说宋濂吧，初看文章，以为他在强调"勤能补拙"，其实宋濂一点都不拙，他自幼被称为神童，读书过目不忘。他的成功有勤奋、聪慧、运气等多方面原因。

神童都如此努力，更何况普通人呢？务实、勤奋，未来才有可能成功。

小人其犹膏(gāo)乎？观其皎而泽，莹

油脂　　　　　　　洁白　有光泽

而媚(mèi)，若可亲也。忽然染之则腻(nì)，不

美好　　　　亲近

可濯(zhuó)矣。故小人之未得志也，尾尾

洗涤　　　　　　　　　　尾随卑下的样子

焉；一朝而得志也，岸岸焉。尾尾以

高傲的样子

求之，岸岸以居之，见于声，形于

色，欲人之知也如弗及。是故君子疾

不如　　　　　厌恶

夫(fú)尾尾者。

那些

选自《郁离子》

古文今读

　　小人不就像一团猪油吗？看上去又白又润泽，晶莹美好，好像可以亲近的样子。若是意外地被它沾上，便腻腻糊糊，洗都洗不掉了。所以，这种人没得志时，总是低声下气，对人十分顺从；一旦得志，就傲气十足了。尾随在别人后面向人乞求，高高在上以此自居，这从听他说的话、看他的表情你就知道了，他们时时想证明别人都不如他。所以君子是不会愿意跟这些小人为伍的。

走近人物

　　人是极其复杂的，用"君子"和"小人"这样笼统、模糊的概念将人区分开来，实际上是不合适的。

　　但在古代，这样的区分比以门第、财富、阶级等标准来判断还是高明许多，因为"君子""小人"指向一个人的行为品德。

　　什么是小人呢？简而言之，与君子言行相反的就是小人。刘基指出：小人的其中一个特征是前恭后倨，得意前巧言令色，得意后傲气十足。这种人就像一团猪油，沾上手就甩不脱，让人腻味。对这种人，最好敬而远之。

崇　祯五年十二月，余住西湖。

大雪三日，湖中人鸟声俱绝。是日

更定矣，余拏一小舟，拥毳衣炉火，

指初更以后　　　撑　　　　　细毛皮衣

独往湖心亭看雪。

雾凇沆砀，天与云与山与水，

水汽　白气弥漫的样子

上下一白。湖上影子，惟长堤一痕、

湖心亭一点与余舟一芥、舟中人两三

粒而已。

到亭上，有两人铺毡对坐，一童

子烧酒炉正沸。见余大喜，曰："湖

水烧开后翻滚沸腾

中**焉**得**更**有此人！"拉余同饮。余
怎么，哪里　还　gèng

强饮三**大白**而别。问其姓氏，是金
尽情喝　同"大杯"　qiǎng

陵人，**客此**。及下船，**舟子**喃喃曰：
在此地客居　船夫

"莫说相公痴，更有**痴似**相公者！"
像……一样痴

〔明〕张岱

　　崇祯五年（1632年）十二月，我住在西湖边。大雪接连下了多天，湖中人鸟的声音都消失了。这一天，初更后我撑着一叶小舟，穿着毛皮衣，带着火炉，独自前往湖心亭看雪。

　　湖面上冰花弥漫，天与云、与山、与水，浑然一体。天光湖色全是白皑皑的。湖上影子，只有一道长堤的痕迹、一点湖心亭的轮廓和我的一叶小舟、舟中的两三粒人影罢了。

　　到了湖心亭，我看见有两个人铺好毡子，相对而坐，一个仆僮正把酒炉里的酒烧得滚沸。他们看见我，非常高兴地说："想不到在湖中还会有您这样的人！"他们拉着我一同饮酒。我尽情喝了三大杯酒，然后和他们道别。我问他们的姓氏，得知他们是南京人，在此地客居。等到了下船的时候，船夫喃喃地说："不要说相公您痴，还有像相公您一样痴的人啊！"

我们先来看看张岱选择去什么地方。他不去孤山，不去断桥，而是选择去需要坐船摆渡的人稀地僻的湖心亭。

我们再来看看张岱选的什么时间出行。张岱选的是大雪三日之后，选的是"更定"时，也就是晚上八点左右。很显然，张岱有意避开人群。平日的西湖游人如织，人声嘈杂，那样的西湖不堪游啊。

张岱不带家人，不带朋友，只想一人独自静静地赏雪。可没想到的是，他在湖心亭上竟然遇到了两个人。船夫喃喃曰："莫说相公痴，更有痴似相公者！"在船夫眼里，那两人和张岱是一类人，可张岱心里清楚，那二人志在饮酒，而自己则志在看雪。因此出于客套喝了三杯酒，张岱就急着撤了。是啊，目的、兴趣完全不一样，就不要假装遇上知己了。

什么叫不随大流，张岱这样的就是。自己喜欢什么、要什么心里清清楚楚。

关于这篇文章，还有很多人从不同角度深刻分析。文章开头就强调"崇祯五年十二月"，那一年，发生了很多事情：黄河决口，灾民造反；李自成攻陷修武县，杀知县刘凤翔；奉命抵抗入侵的军队兵变，登州失陷……太多的事是在那一年发生的。西湖萧条的气象，又何尝不是明朝沉寂的写照？

张岱作为一个文人看到了这些，但什么也做不了，甚至说不得，他心中的孤寂可想而知。

明

三十八 自题小像

功名耶（yé），落空。富贵耶，如梦。

句末语气词

忠臣耶，怕痛。锄头耶，怕重。著书

二十年耶，而仅堪覆瓮（wèng）。之人耶，有

陶制的容器　　这，这个

用没用？

〔明〕张岱

古文今读

　　功名啊，已然落空。富贵啊，总是如梦。想当个忠臣以死报国，却有些怕痛。想做个农民耕种自给，却怕锄头重。写了二十年的书，只配盖个瓦瓮。像这样的一个人，到底是有用还是没用？

走近人物

　　张岱年少聪慧，人们都以为他会在功名路上步入青云，但最终他却一事无成。这不是"功名耶，落空"吗？

　　张岱祖上四代为官，亲戚朋友无不是当时名震一方的学者和艺术家。他少时即为豪贵公子，过了四十多年的富贵生活。随着明末大乱，国破家亡，张岱的家境一落千丈，只好避迹山居，这不是"富贵耶，如梦"吗？

　　明朝灭亡时，他也不像有些文人那样激进地选择殉国，而是躲进山里写书，一写就是二十多年。所以张岱的这篇文章我们可以换一种语气来翻译：

　　一辈子碌碌无为无功无绩，曾经有钱现在没钱。不想以死殉国，也不想下田劳动。磕磕绊绊花了二十年写出来的书呢，仅仅只能用来当瓦缸的盖子。我这个人啊，到底有没有用呢？

　　可能很多人会回答：没用。可是，你要知道他写的《石匮书》可是明史巨著，他写的《夜航船》堪称百科全书，包罗万象。很难相信这两部书是他以一己之力写成的。

　　当然，张岱未必在乎你的答案。他这是在自嘲，自嘲的力度大而准；他是在自问，问得非常深刻：人生的意义到底是什么？

　　有人曾经问金庸："人生应如何度过？"老先生答："大闹一场，悄然离去。"张岱似乎就是这样过完了一生。

明

095

黄仲霖参马士英，召对归署，以

> cān 参 揭发罪状

> shǔ 署 指回来

白纸大书于门曰："得罪权奸，命在

旦夕。诸客赐顾，门官一概禀辞。"

> 诸客 客人们

> 赐顾 指来访

> bǐng 禀

选自《广阳杂记》

古文今读

　　黄仲霖向朝廷奏参马士英，"召对"回来之后，他知道马士英参不倒，可自己已经闯下大祸，便写了张启事贴在门上："我得罪了权贵小人，离死已经不远。为免连累他人，特令本宅门房对来访各位一律请辞不见。"

走近人物

　　想要了解这则《谢客启事》，必须了解当时的历史。

　　1644年，闯王李自成攻陷北京，崇祯皇帝自尽。留都南京的明朝官僚拥立福王朱由崧为新帝，年号弘光。这个弘光朝廷啊真是不争气，皇帝不像个皇帝，一即位就大肆为自己选妃；首辅不像个首辅，天天想着打击报复人。黄仲霖看了着急，就在皇帝面前参奏首辅马士英，反映他的失职。可皇帝是个糊涂皇帝，黄仲霖不仅没有参倒马士英，反而给自己惹了祸。

　　有人说黄仲霖写这则《谢客启事》是为了保命，他把"得罪权奸"这样的事贴在自家大门上广而告之，就是想告诉大家如果自己出了意外，定是"权奸"所为。但更多人认为，黄仲霖为了国家社稷已将生死置之度外了，而且不想连累亲朋好友。这《谢客启事》确实写得挺硬气的，看了能使人解气，应该是当时南京城里的亮点。

　　皇帝不听忠臣意见的后果是什么呢？1645年，清军攻陷南京，弘光帝被押往北京并于第二年被处死，这个南明王朝仅仅支撑了两年。

明

奉上粗布棉衣二件，聊以御寒而
yù
抵挡

已，以足下狷洁，不敢以细帛污清节
juàn　　　　　　　　　　bó
耿直　　　　　　　高尚的节操

也。诸面谈，不一。

〔明〕朱之瑜

　　送上粗布棉衣两件，聊供御寒吧。知道你的脾气，不敢以绸缎之类玷污先生清节，务请收下。（其他的事）见面再谈吧，在此我就不详说了。

走近人物

　　写这封信的人叫朱之瑜，是明末学者、教育家。

　　明亡后，为了保全民族气节，朱之瑜辞别国土，弃离故乡，东渡日本，在那里授徒讲学。

　　这封信是朱之瑜写给日本友人三好安宅的。两人之所以能成为好友，应该是志趣相投、性格相近，彼此相知吧，这从这封短信中也可以看出来。

　　朱之瑜的生活应该比三好安宅宽裕些。冬天到了，天气凉了，朱之瑜很关心他的朋友，就想送两件衣服给朋友御寒。朱之瑜特意送了两件粗布棉衣，不是小气，而是他知道这位朋友的脾气。如果送精细的丝织品，三好安宅反而会生气。三好安宅心里可能会想："为什么要这么浪费？难道在你眼里我是那种贪图享受、喜欢奢华生活的人吗？"

　　这种奇怪的反应，爱慕虚荣名利的人是无法理解的。

　　总之，这封信短短几句话，以极日常的语言，让我们看到了两个有气节的人，也看到了两人不落凡俗的友情。

明

099

蔡璘，字勉旃，吴县人。**重然**

诺，**敦风义**。有友某以千金**寄**之，不

> 信守诺言

> 重视情义　　　存放

立**券**。**亡何**，其人亡。蔡召其子至，

> 凭证　同"无何"，不久

归之，**愕然**不受，曰："嘻！无此事

> 惊讶的样子

也，安有寄千金而无券者？且父未尝

语我也。"蔡笑曰："券在心，不在

> 告诉

纸，**而**翁知我，故不语**郎君**。"卒**辇**

> 代词，你（的）　　　　　对别人儿　　　用车子送
> 　　　　　　　　　　　　子的尊称

而致之。

> 送达

选自《清稗类钞·敬信类》，有改动

吴县人蔡璘是一个守信用、讲义气的人，对情谊很忠厚、笃实。有一位朋友将几千两白银寄放在他那里，没有立字据。不久，这位朋友死了。蔡璘叫来那人的儿子，把钱还给了他。朋友的儿子感到很惊讶，不肯接受，说："哎！没有这样的事情，哪里有寄放千两白银却不立字据的人？并且我的父亲也不曾对我说起这件事。"蔡璘笑着说："票据立在心中，不是立在纸上。你父亲了解我的品行，所以没有告诉你。"最终蔡璘用车子运送银两还回去了。

走近人物

口说无凭，立字据很重要，古代如此，现代更应重视这一点。该写借条的时候写借条，该签合同的时候签合同。

假如蔡璘是个贪财之人，他想将钱财占为己有，没有字据，朋友一死，就死无对证了；有了凭证，朋友之子就可以寻求法律帮助。

但法律管不了所有的事，所以我们还需要公德，"券在心，不在纸"，这话说得多好啊，如果人人重承诺、守信用，人与人之间互相信任，没有那么多猜忌、提防，那我们每个人的眼神真的会清澈起来，每个人的内心都会单纯起来。

公德可以让我们这个社会更有序，更温情。

清

（一）

夏七月，赤日停天，亦无风，亦无
<small>挂在天上不动</small>

云。前后庭赫<small>hè</small>然如洪炉，无一鸟敢来

飞。汗出遍身，纵横成渠<small>qú</small>。置饭于前，

不可得吃。呼簟<small>diàn</small>欲卧地上，则地湿如
<small>叫人把席子铺好想躺在地上</small>

膏，苍蝇又来，缘颈附鼻，驱之不
<small>趴在脖子上、鼻子上</small>

去。正莫可如何，忽然大黑，车轴疾
<small>乌云翻滚，急雨</small>

澍<small>shù</small>，澎<small>péng</small>湃<small>pài</small>之声，如数百万金鼓。檐溜<small>liù</small>
<small>落下</small>　　　　　<small>如同数百万战鼓轰鸣</small>　　　<small>屋檐流下的</small>

浩于瀑布。身汗顿收，地燥<small>zào</small>如扫，苍
<small>雨水如同瀑布</small>

蝇尽去，饭便得吃。不亦快哉！

（二）

空<ruby>斋<rt>zhāi</rt></ruby>独坐，正思夜来床头鼠<ruby>耗<rt>hào</rt></ruby>可

房屋，屋舍

恼，不知其<ruby>戛戛<rt>jiá</rt></ruby>者是损我何器，<ruby>嗤嗤<rt>chī</rt></ruby>者

拟声词　　　　　　　　　　拟声词

是裂我何书。中心回惑，其理莫措，忽

心里正猜疑，也不知道怎么办好

见一<ruby>狻<rt>suān</rt></ruby>猫，注目摇尾，似有所睹。<ruby>敛<rt>liǎn</rt></ruby>声

凶猛的猫　　　　　　　　　　约束，节制

屏息，<ruby>少<rt>shǎo</rt></ruby>复待之，则疾<ruby>趋</ruby>如风，唧然一

等了一会儿　　　　　跑，快走

声。而此物竟去矣。不亦快哉！

（三）

冬夜饮酒，转复寒甚，推窗试看，

厉害，严重

雪大如手，已积三四寸矣。不亦快哉！

（四）

夏日于朱红盘中，自拔快刀，切绿

沉西瓜。不亦快哉！

（五）

看人风筝断，不亦快哉！

〔清〕金圣叹

（一）

夏日七月，红红的太阳挂在天上一动不动，没有风，也没有云。前院、后院简直像烘炉一样，连鸟都不敢飞出来。浑身上下淌汗，横的竖的流成小河一样。饭送到面前来了，也没胃口吃。于是，我叫人把席子铺在地上想躺着，但地上又湿漉漉得像油脂一样。苍蝇也来凑热闹，趴在我脖子上、鼻子上，赶也赶不走。正无可奈何的时候，突然天黑了，乌云翻滚，急雨落下，澎湃之声如同数百万战鼓轰鸣。屋檐流下的雨水大得像瀑布。此时，身上的汗顿时消失了，地面干燥得像刚扫过一样，苍蝇也走光了，饭也吃得下了。这时候的我不是很快乐吗！

（二）

独自坐在空空的书房里，正想着晚上床头总有老鼠为患，实在让人烦恼，不知那传来的戛戛声是咬坏了我的什么东西，那嗤嗤声又撕裂了我的哪一本书。我心里正猜疑着，也不知道怎么办好，忽然看到一只凶猛的猫，瞪着眼，摇着尾，似乎在窥探什么。我敛声屏息，在边上静静等待了一会儿，只见它疾跑如风，"唧"的一声，老鼠就被消灭了。看到这一幕不是很快乐的事吗！

（三）

冬夜饮酒，随着夜越来越深，天气也愈加寒冷了。推窗望去，只见白雪皑皑，已积有三四寸那么厚了。看着这情景不也挺令人身心畅快吗！

（四）

夏天，在朱红的漆盘上，拿快刀切开浓绿色的西瓜，不是很快乐的事吗！

（五）

看别人的风筝线断了，这不是也挺有趣的吗！

🧓 走近人物

这些有趣的短文出自于金圣叹之笔。这个金圣叹以读书、写书为乐。他平时喜欢写什么呢？点评名著，例如点评《庄子》《离骚》《史记》《水浒传》《西厢记》等。他在评《西厢记》的时候，看到红娘骂崔莺莺的母亲管得太多那一章，突然受到启发，想写一些平日里的开心事，结果一口气写了三十三则。

现在有一句话很流行，"好看的皮囊千篇一律，有趣的灵魂万里挑一"。金圣叹就是一个灵魂有趣的人，他善于在一粥、一饭、一花、一草的平常日子里寻找、感受，体味不时降临的快乐。他所写的事，在你我生活之中，又何尝没有？细数起来，又何止三十三则？但是，你的目光是否曾经在这些事上停留，并乐在其中呢？

自古以来，说到快乐、幸福，我们总是谈"久旱逢甘霖，他乡遇故知，洞房花烛夜，金榜题名时"这些大事件，但金圣叹写的却是一些小得不能再小的事。

清

水仙一花，**予**之命也。予有四命，
我

各**司**一时：春以水仙、兰花为命；夏
掌管，主管

以莲为命；秋以秋海棠为命；冬以腊

梅为命。无此四花，是无命也。一季

缺予一花，是夺予一季之命也。

水仙以**秣陵**为最，予之**家**于秣陵，
mò
指南京　　　　　　　　　安家

非家秣陵，家于水仙之乡也。记丙午

之春，先以**度岁无资**，衣囊**质**尽，**迨**
过年　　钱财　　抵押　　dài 等到

水仙开时，**索**一钱不得矣。欲购无
suǒ
求取

资，家人曰："请已之，一年不看此

花，亦非怪事。"予曰："汝欲夺吾命

乎？宁（nìng）短一岁之寿，勿减一岁之花。

且予自他乡冒雪而归，就水仙也。不

看水仙，是何异于不反金陵，仍在他

同"返"

乡卒岁乎？"家人不能止，听予质簪（zān）

用来固定发髻
的首饰

珥（ěr）购之。

用玉做
的耳饰

〔清〕李渔

古文今读

　　水仙这种花，是我生命的一部分。我有四条命，各自存在于一年的一个季节：春天以水仙、兰花为命，夏天以莲花为命，秋天以秋海棠为命，冬天以腊梅为命。如果没有这四种花，也就没有我这条命了。如果哪一季缺了这一种花，就等于夺走了我这一季的命。

　　水仙花数南京的最好了，我之所以把家安在南京，就是为了看水仙花。记得丙午年的春天，过年时已穷困潦倒，衣物都抵押光了，等到水仙花开的时候，再没有余钱购买。家人劝我克制，一年不看水仙花没什么可奇怪的。我说："难道你们是想要夺去我性命么？我宁可少掉一年的寿命，也不愿一个季节没有花的陪伴。况且我从他乡冒着大雪回到南京，就是为了看这水仙花。如果看不到，和在外地过年有什么区别？"家人无法阻止我，就只能任凭我当掉首饰去买水仙花。

走近人物

　　李渔是真喜欢水仙啊！他为了看水仙把家安在南京，他为了看水仙把家人的首饰抵押了……

　　明代张岱在《陶庵梦忆》中写道："人无癖不可与交，以其无深情也。"意思是一个人如果没有自己的喜好，这样的人不可深交啊。

　　为什么张岱会有这样的感慨呢？其实也很好理解，倘若一个人一点兴趣爱好都没有的话，或许说明了一个问题，他对待事情或者对人，很难产生持久而深厚的感情。也就是说，这个人很有可能是一个无情之人。而且，有爱好的人，往往心理承受能力也比较强，他们在遇到不顺心的事情时，能用爱好去排遣内心的不快乐。

　　你觉得有没有道理呢？

终日作字作画，不得休息，便要

骂人。三日不动笔，又想一幅纸来，

以舒其沉闷之气，此亦吾曹之贱相也。

用写字作画来宣泄一下心中的沉闷之气　这就是我们这些写字作画人的贱脾气

fén

今日晨起无事，扫地焚香，烹茶洗砚，

而故人之纸忽至。欣然命笔，作数箭

兰、数竿竹、数块石，颇有洒然清脱

之趣。其得时得笔之候乎！索我画偏

这是捕捉到了契机吧

不画，不索我画偏要画，极是不可解

处，然解人于此但笑而听之。凡吾画

兰画竹画石，用以慰天下之劳人，非

安慰天下劳苦之人

以供天下之安享人也。

而不是用来供奉天下安居享乐之人

〔清〕郑燮

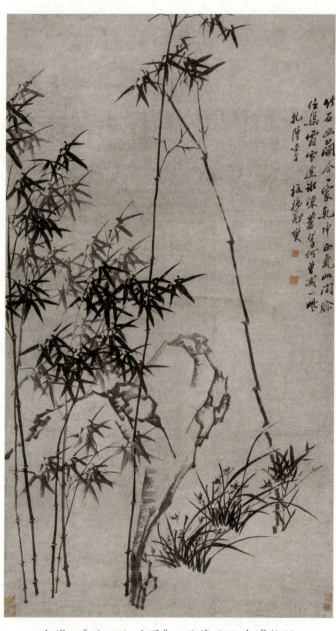

郑燮 《竹石幽兰图》，现藏于天津博物馆

古文今读

　　我整天写字画画，不得休息，心烦得想骂人。但一旦三天不动笔，又想铺开纸，用写字作画宣泄郁闷，这就是我们这类所谓书画家的贱脾气。今天早晨起来没事，我扫地焚香、泡茶洗砚，忽然老朋友的信到了，那时我心情好，灵感来了，就高高兴兴提起笔，画了几株箭兰、几棵竹、几块石，很有些清新洒脱的情趣。这是捕捉到了动笔创作的灵感了吧。向我要画我偏不画，不向我要画我偏要画，真不知道自己是怎么回事。明白的人姑且一听，笑笑吧。凡是我画的兰画、竹画、石画，都是安慰天下劳苦人的，不是用来供奉天下安居享乐之人的。

走近人物

　　总有人说郑板桥乖张、高傲，是因为这些人托了关系、出了高价向郑板桥索要字画，但经常被他拒绝。

　　一些有权有势的人就是这样，他们只是想用字画装点门面，表明自己是风雅之人，其实他们并不尊重艺术家，不了解艺术创作。

　　郑板桥想告诉大家，只有自己有灵感时，才能创造出好的作品，这是艺术创作的规律。他不想把写字作画这件事弄得很庸俗，不想跪在金钱和权力面前。相反地，他希望自己的字画能够为生活艰辛的老百姓发点声，能够安慰那些辛劳穷苦之人。

　　这是郑板桥的创作态度，也是他的处世态度。

　　那年，他在山东潍县做县令。潍县发生饥荒，紧迫关头，郑板桥等不了层层官员通报审批，私自开仓放粮，救活了一万多潍县人。事后，郑板桥被上级一本奏折参到京城，这可是要被斩首的大罪，所幸潍县全体老百姓为其请命、求情；郑板桥才逃过一劫，但乌纱帽最终还是掉了……

儿子从未远出，初应省(shěng)试，不能不一往。阻风沙漫洲，舳舻(zhú lú)相接，郡中宋

沙漫洲 _{地名}

舳舻相接 _{船只首尾衔接}

氏叔侄，移船头就柳阴，棋于其下。崇(chóng)

崇 _{人名}

友拉予看荷花，夕阳反照，荷净花明，

萧疏四五人，科头握蕉扇，委影池塘，

萧疏 _{稀疏}

科头 _{不戴帽子，裸露头髻}

委 _{投放，放置}

若绘《江上阻风图》。二景绝佳。

〔清〕龚炜

儿子从没出过远门，初次参加省试，我不能不一同前去。一场大风把我们困在沙漫洲这个地方，船只首尾衔接，郡中宋氏叔侄，移动船头靠进柳阴，在树阴下下棋。崇友拉我看荷花，夕阳反射，荷花明净光鲜。四五个人稀疏地站在那里，不戴帽子的那个人，握着芭蕉扇，影子投射在池塘里，好像在画一幅《江上阻风图》。柳阴下下棋，池塘边观荷，都是极好的景致。

走近人物

龚炜陪儿子去参加省试，遇到逆风阻船，不能前行。碰到这样不顺遂的事，有的人可能已心烦意躁了。龚炜父子倒好，在柳阴下下棋，在池塘边观荷，轻松自在。

既然急了没用，那就换个角度，换种心境，快乐就来了。

清

四十六 大块文章

从夏镇抵南阳，时当落照，云霞

dǐ

曳天，澄波倒影，俯仰上下，无彩

chéng

不呈。

　　俄而浓云四布，宝净色忽焉惨淡，

一会儿

已又推出新月，清光一钩，疏星万

副词，不久　　　　　　　　指月光

点，大块文章，真是变化不尽也。

大地，　错综的花纹，
大自然　华美的色彩

〔清〕龚炜

古文今读

　　从夏镇出发，来到南阳，正值傍晚，漫天的晚霞倒映在清澈的湖面上。仰望天空，俯看湖面，五彩缤纷。不一会儿，浓云四布，清朗的天空忽然变得灰暗，随后，天空现出一弯新月，夜空中月光清幽，繁星点点。短短的时间里，大自然锦绣般美好的景色竟然有如此多的变化，妙极了。

走近人物

　　这是一篇游记，我们可以透过游记看人物。

　　这篇《大块文章》与前面《佳景如画》是同一作者，叫龚炜，生活在清代康熙至乾隆年间。

　　在《佳景如画》里，龚炜送儿子去省城参加乡试，坐船行至江上，遇到大风阻碍行程。他俩不仅不着急，反而索性靠岸赏景、下棋，心态是真的好。这篇《大块文章》更反应了他这种心态。

　　龚炜的一生是贫穷落魄的，是失意苦闷的。虽出身于书香世家，但很快家道中落，他自己呢，又体弱多病；参加科举考试吧，屡试不第，功名无路；娶了个贤惠的妻子，但在他59岁时一病而亡，先他而去……

　　有一段时间，龚炜也陷于落寞哀愁的情绪之中，但最终没有被这种情绪控制。到了晚年，他不再一味怄气、难过，而是转变了心态，写作的内容转向山川美景，文字也优美轻松起来。

　　经历了贫病愁苦、生离死别，能做到这样是很了不起的，这是勇敢和智慧的表现。顺便说一下，不足百字的游记，能写得如此优美动人，作者真的是功底深厚啊。当代大学者钟叔河，非常喜欢这篇文章，他说："文言文简练洗净的优点，是多少代文人呕心沥血创造得来的。不该随便丢掉。"

清

村童牧竖，一言一笑，皆吾之

牧童

师，善取之，皆成佳句。随园担粪

fèn

袁枚的别墅，在
南京小仓山下

者，十月中，在梅下喜报云："有一

身花矣！"余因有句云："月映竹成

得句、作句

千'个'字，霜高梅孕一身花。"余

竹叶之形像
汉字"个"

二月出门，有野僧送行，曰："可惜

园中梅花盛开，公带不去。"余因有

句云："只怜香雪梅千树，不得随身

爱惜，喜爱

带上船。"

〔清〕袁枚

乡村小孩、牧童的言谈笑语，都是我喜欢学习的，只要善于吸取转化，都能变成佳句。随园有个担粪的人，十月里，在梅树下高兴地告诉我说："梅树有一身花了！"我因此得到了诗句："月映竹成千'个'字，霜高梅孕一身花。"我在二月里出门，有个山野的和尚送我，说："可惜园子里梅花盛开，您不能带去。"我因此又得到了诗句："只怜香雪梅千树，不得随身带上船。"

走近人物

袁枚是清代大诗人，从他的描述中，我们可以看出，要写好诗除了博览群书，还要善于向周围的人学习，不仅学习他们的语言，还要学习他们的文思。"有一身花矣"这句话，多么鲜活有趣啊！"可惜园中梅花盛开，公带不去"，这是多么美妙的抒情！只不过担粪者、山野和尚用的都是口语，是大白话。袁枚是诗人，诗人能给大白话配声律、平仄，从而转化成众口传诵的佳句。

留意生活中的一个个小惊喜，然后移到纸上来，移到作文中，说不定就成为了老师给你画圈的佳句啊！

四十八 晨眺

枝上闻鸟声关关，披衣起盥^{guàn}，日
　　　　　　拟声词　　　　　　　洗漱　指阳光

色已上纸窗。望宝石诸山，轩豁^{huò}呈
　　　　　　　　　　　　　　敞亮

露，笑黛^{dài}宛然。足下能同一游乎？买
显露　真像女子的笑颜　　　　　　租赁

艅艎^{qīng líng}以待。
小船

〔清〕吴锡麒

古文今读

　　枝头上的鸟儿在"关关"叫着，我起床穿衣洗漱，阳光已经照在窗户上了。宝石山那边，开朗敞亮，那美丽的山色实在像女子的笑脸啊。阁下您能和我一同游览这山色吗？如果可以的话，我就租一条小船等待着您了。

走近人物

　　这天早晨，吴锡麒见霞光映照纸窗，山色怡人，临时起意想同友人一起游宝石山，于是写信相邀。他派小童将信传递过去，怕朋友不来，还在信中写了很多晨间景色相诱。

　　一封邀请函不过四十多字，却写得热情洋溢。作者用三五句话就展现了一幅清新秀丽的山水小景，叫人好不神往啊！

　　如果你是吴锡麒想邀约的朋友，读到这封信，是去还是不去呢？如果不去，那真的太不解风情了。

　　现代人啊，很多对大自然的赐予已经没有感觉了，生命的光阴，白天抵给了电脑，夜晚送给了手机……

舟抵荻港，芦风萧萧，四无行人。

dí

小镇的名字

渔人拏小舟而出，遥赴夕阳中，"欸

ná

ǎi

撑船

乃一声山水绿"。此时此景，得足下

取自柳宗元《渔翁》诗句。欸乃，摇橹声

以倪、黄小笔写之，便可千古。

指倪瓒、黄公望，
均为元末著名画家

〔清〕吴锡麒

古文今读

　　我的船到荻港镇时，芦苇在风中轻响，四下没什么人。只见有人撑一叶渔舟，在夕阳的余晖中缓缓远去。"欸乃一声山水绿"，猛然觉得，这不正是柳宗元诗句所描绘的画面吗？此情此景，如果由你挥毫，用倪瓒、黄公望的笔法画出来，一定可以成为不朽之作。

走近人物

　　某天，作者吴锡麒到访荻港，给好友奚铁生写了一封短信。这荻港是典型的江南水乡，河港如织，芦荡密布，推窗见河，出门上船。吴锡麒只用了五十字左右，就写出了荻港的美，抓住了荻港最有意蕴的三个画面。

　　画面1：芦风萧萧四无人。

　　画面2：小舟遥赴夕阳沉。

　　画面3：欸乃声里山水绿。

　　这么一封短信处处显出文化。吴锡麒既引用了柳宗元的诗，又提到了倪瓒、黄公望的山水画。

　　吴锡麒倒不是要炫耀自己的才学，主要是想强调两人共同的兴趣，两人既是文友，也是画友，同时也热爱大自然。

　　是啊，在吴锡麒心里，自己，自己的朋友，还有写出"欸乃一声山水绿"的柳宗元，以及画出《富春山居图》的黄公望，都是爱山水、爱自然的人。

　　天地风物，大美自然，只有有心人才能感受到啊！

清

余忆童稚(zhì)时，能张目对日，明察

秋毫，见藐小微物，必细察其纹理，

比喻细
小之物　　同"渺小"

故时有物外之趣。

时常

夏蚊成雷，私拟作群鹤舞空，心

比

之所向，则或千或百果然鹤也。昂首

观之，项为之强(jiāng)。又留蚊于素帐中，

脖颈　　通"僵"，僵硬，
不灵活

徐喷以烟，使其冲烟飞鸣，作青云白

慢慢地

鹤观，果如鹤唳(lì)云端，怡然称快。

景象　　鸣叫　　欣喜自得的样子

于土墙凹凸处、花台小草丛杂

处，常蹲其身，使与台齐，定神细

视，以丛草为林，以虫蚁为兽，以土

砾凸者为丘，凹者为壑，神游其中，

壑
山沟、山谷

怡然自得。

　　一日，见二虫斗草间，观之，兴

正浓，忽有庞然大物拔山倒树而来，

盖一癞虾蟆也。舌一吐而二虫尽为所

癞
lài

吞。余年幼，方出神，不觉呀然惊恐，

因惊恐而张着口的样子

神定，捉虾蟆，鞭数十，驱之别院。

用鞭子打

选自《浮生六记·闲情记趣》

　　我回想小的时候，能够睁大眼睛直视太阳，能看清最细微的东西。看细小的东西，我一定会仔细观察它的纹理，因此常常能感受到超出事物本身的乐趣。

　　夏夜里，蚊群发出雷鸣似的叫声，我心里把它们比作群鹤在空中飞舞，这么一想，眼前果真就出现了千百只白鹤。抬头一直看着它们，连脖子也变得僵硬了。我又留几只蚊子在白色帐子里，慢慢地用烟喷它们，让它们在烟雾中飞着叫着，我把烟雾和蚊子想象成青云白鹤，越看越像鹤唳云端，我为这景象高兴地拍手叫好。

　　我常在土墙高低不平的地方，在花台杂草丛生的地方，蹲下身子，使自己跟花台一般高，定神凝视，把丛草当成树林，把虫子、蚊子当成野兽，把土块凸出部分当成丘陵，低陷部分当成山沟。我沉浸在想象中，愉快而又满足。

　　有一天，我看见两只小虫在草间相斗，便蹲下来观察，兴趣正浓时，一个大家伙拔山倒树而来，原来是一只癞蛤蟆，只见它舌头一吐，两只虫子瞬间被它吃掉了。我那时年纪还小，看得出神，不由得目瞪口呆，待到神智恢复，就把这癞蛤蟆捉住鞭打了几十下，然后把它驱赶到别的院子里去了。

走近人物

这篇《童趣》真是充满了天真的趣味啊！

夏蚊成雷，本来是很让人懊恼的，"小沈复"却"留蚊于帐"，还"徐喷以烟"，营造出"鹤唳云端"的迷幻场景，还看得津津有味。

土墙凹凸处，杂草丛生处，本来是唯恐避之不及的，小沈复却把那里当作了万木峥嵘的山林，神游其间，怡然自得。

蛤蟆吃虫，再正常不过，小沈复却同情心泛滥，仗义出手，将蛤蟆"鞭而驱之"。

这篇文章字里行间都是快乐，都是孩子气，都是童心。

长大了，很多人却像对待一顶旧帽子一样把自己的童年丢在一边，让它像一个不用了的电话号码那样被忘得一干二净。

如果没有了童心，那夏蚊嗡嗡于耳，就会心生厌恶之情；那丛草、虫蚁、土砾平平常常，就熟视无睹了；小虫为虾蟆所吞，就不以为意了。如果没有了童心，哪里还会感受到那群鹤舞空的灵动之美？哪里还会有怡然自得地畅然神游？哪里还会对以强凌弱而感到愤愤不平？

沈复是清代的画家、文学家，他写这篇文章时已经46岁。很显然，他不想忘记自己曾经是一个孩子。

沈复成人后确实仍然带着一颗童心处世，他对功名仕途，富贵荣华都没兴趣，也不上心，穷也好富也罢，全随着自己的性子过日子。

小时候，快乐很简单；长大了，简单很快乐。

清

先生<ruby>是年<rt>这一年</rt></ruby>乃能言，盖聪明蕴蓄<rt>yùn xù</rt>者

指戴震 （十岁）

深矣。<ruby>就傅<rt>跟随老师</rt></ruby>读书，过目成诵，日数千

言不肯<ruby>休<rt>停止</rt></ruby>。授《大学章句》，至"右

经一章"以下，问塾师："此<ruby>何以<rt>凭什么</rt></ruby>知

为孔子之言而曾子述之？又何以知为

曾子之意而<ruby>门人<rt>学生</rt></ruby>记之？"师<ruby>应<rt>yìng 回答</rt></ruby>之曰：

"此朱文公所说。"即问："朱文公何

时人？"曰："宋朝人。""孔子、曾

子何时人？"曰："周朝人。""周朝、

宋朝相去几何时矣？"曰："几二千

年矣。""然则朱文公何以知然？"师

无以应，曰："此非常儿也。"

选自《戴东原先生年谱》

古文今读

　　戴震十岁的时候才会说话，大概是聪明累积得太久的缘故吧。跟随老师读书，戴震看一遍就能背下来，每天背几千字不肯停下来。一天，老师教戴震《大学章句》，到"右经一章"以下，戴震问老师："人们从哪里知道'孔子之言而曾子述之'？又是怎么知道'曾子之意而门人记之'的？"老师回答他说："这是朱熹说的。"戴震马上问："朱熹是什么朝代的人？"老师回答他说："宋朝人。"戴震问老师："孔子、曾子是什么朝代的人？"老师说："周朝人。"戴震追问道："周朝和宋朝相隔多少年？"老师说："差不多两千年了。"戴震问老师："既然这样，那么朱熹怎么知道？"老师无法回答，说："这个孩子非同一般。"

走近人物

　　"小疑则小进，大疑则大进""不怀疑，不能见真理"，这样的名言很多，但真正做到的却很少。

　　很多人只敢质疑同龄人说的话，只敢质疑和自己水平差不多的人说的话。伟人、古人、大人、名人、领导说的话，他们是不敢质疑的。一比较，"小戴震"就显得非同一般了。

　　大家都知道，只有不断提问，"真学习"才会发生，但为什么在我们身边像戴震这样的人这么少呢？这是一个值得思考的问题。

俗以喜人面谀者曰"戴高帽"。有
世俗　　　　　奉承

京朝官出仕于外者，往别其师。师
做官　　　　　告别

曰："外官不易为，宜慎之。"其人
应当 谨慎

曰："某备有高帽一百，逢人辄送其

一，当不至有所龃龉也。"师怒曰：
指意见不合

"吾辈直道事人，何须如此！"其人
忠直之道

曰："天下不喜戴高帽如吾师者，能

有几人欤？"师颔其首曰："汝言亦
句末语气词，表示　　　　点头
疑问或不肯定

不为**无见**。"其人出，语人曰："吾高

没有见识

帽一百，今止存九十九矣。"

〔清〕俞樾 yuè

古文今读

人们历来把喜欢听人说好话称为喜欢"戴高帽"。从前，有个京官被调任新职，要到外地去做官，临行前，去拜别他的老师。老师语重心长地说："外省的官不好做，你要谨言慎行啊。"那人说："我准备了一百顶高帽，碰到人就送一顶，应当不至于跟人有矛盾。"

老师很生气，说："我们读书人，为人处世要正直，何必要这样做呢？"那人说："可天底下，像老师这样不喜欢戴高帽的人，能有几个啊？"老师点头说："你的话也不是没有道理。"那人从老师家出来，对别人说："我准备的一百顶高帽，现在只剩下九十九顶了。"

走近人物

这个老师还是很棒的，为人正直，处事谨慎，他对拍马屁这件事还是厌恶的，对拍马屁者还是警惕的，最后却也不知不觉接受了一顶高帽。这是人的通病。人啊，喜欢被人恭维、奉承，爱听顺耳的话，爱听好话。高帽易戴，马屁难防啊。

问题在于那个学生，新官上任，不想着为老百姓做点实事，天天琢磨怎么拍别人马屁，马屁拍成功了还引以为傲、沾沾自喜。真是可恶。

如果一个社会，人们走上工作岗位，努力的方向不是创造发明，不是劳动生产，也不是帮人解决问题，而是讨领导欢心，拍领导马屁，这个社会怎么可能进步？

直到现在，还有人炮制"拍马屁"相关的书，"拍马屁"居然成为一门学问了，真是可悲！

清

后 记

四年前，在一次聚会上，军晶兄说起，想做一套小学文言文分级读物，我也正有此意，于是我们一拍即合。

坊间的文言类读物已经汗牛充栋了，我们为什么还要做这么一套书呢？因为我们觉得小学文言学习缺乏体系，文言与孩子的精神成长相"隔"甚远。

这一问题不是现在才产生的，自1920年1月，北洋政府教育部下令，改小学一、二年级国文（即文言）教科书为国语（即白话）教科书，其他年级逐年替换，到1923年，小学的语文课本基本都是国语课本了。如今，整整一个世纪过去了。胡适之先生认为这是他领导文学革命的一大胜利，而为他整理口述自传的唐德刚先生恰恰不这么看。唐先生说："学龄儿童记忆力最强的时期，真是所谓出口成诵。这个时候实在是他们的黄金时代——尤其对中国古典文学的学习与研读。这时如果能熟读一点古典文学名著，实在是很容易的事——至少一大部分儿童是可以接受的，这也是他们一生受用不尽的训练。这个黄金时代一过去，便再也学不好了。"一百年来，持这一观点的学者不在少数，所以"文白之争"从未止息。

语文教学改革的先行者周正逵先生，对中小学生文言学习做过系统的研究。早在20世纪60年代，他在北京景山学校就进行过文言教学改革实验，从小学阶段进行文言启蒙，取得了显著的成效。周先生曾总结景山学校文言文教学实验的五条基本经验：学比不学好；早点学比晚点学好；集中学比分散学好；文白分开学比混合学好；以诵读为主比以讲知识为主好。

站在前辈实践研究基础上，我们认为，读文言不是为了复古，不是要让孩子回到过去，其实也回不去的。读文言最重要的是让孩子感受汉语独特的语感，循序渐进，提升思维品质；悦纳中国传统文化并以此充实自己的生命。如此，可以更好地做一个现代中国人！

我是极其懒散的，军晶兄却是极为勤勉的。三年前的暑假完成材料的初选后，我便没再过问。本书的整体架构与章节安排，乃至选文的注释与解说、神话故事的改写都是军晶兄完成的，他付出了大量的心血。可以说，没有他的勤勉，就没有这套书！我只是在统稿阶段做了一些核查校对、增补替换、调整修订的工作，这一过程虽也辛苦但始终是愉悦的，因为得到了军晶兄治学精神的感召。

本书的编写参考了前贤许多的著作，茅盾先生、袁珂先生的神话研究，钟叔河先生的"学其短"，张田若先生《文言文启蒙》等都给我们多方面的启发，要向诸位先生致以深深的敬意与谢意！需要说明的是，本书的个别选文内容艰涩，我们进行了一些微调，以适应孩子阅读的需要。本书仍有许多前人未曾选过的文章，注释与解说无从参考，疏漏在所难免，恳请大小读者不吝赐教。

本书编写也得到了我们共同的好友阿牛兄的鼓励，编辑王卉老师的辛苦付出，使本书能以美好的样貌呈现，人民文学出版社更是给予了大力支持，在此一并致谢！

是为记。

2024年2月18日深夜于寄禺室